股市
COMPAQ

股市 110
现场答疑

沪市大盘2009年年初至6月26日止，【大趋势·会说话】炒股软件最新版本论证图

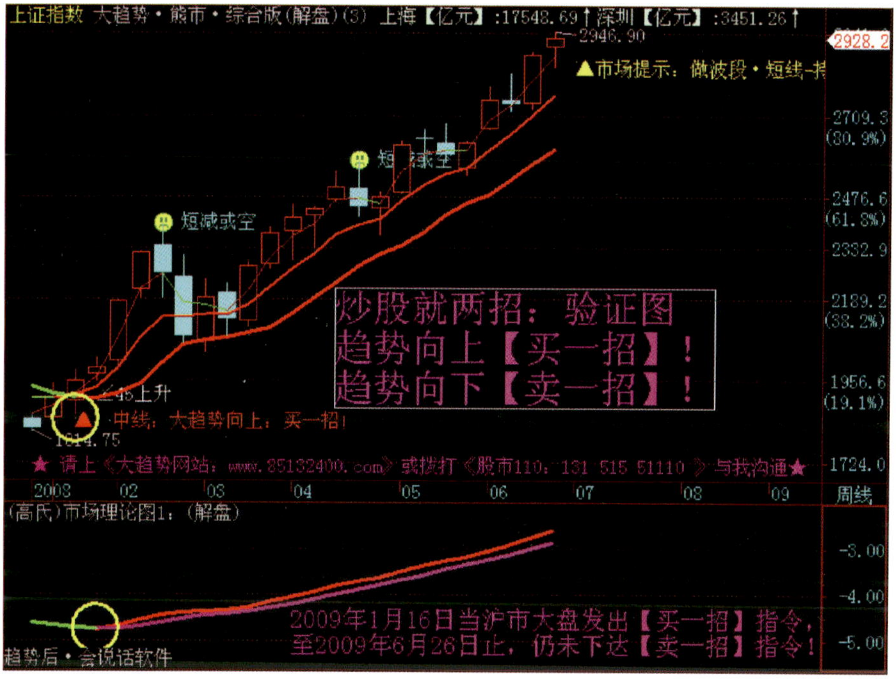

股市实战兵法

——炒股就两招

高竹楼　高海宁　编著

中国财政经济出版社

图书在版编目（CIP）数据

股市实战兵法：炒股就两招/高竹楼，高海宁编著．—北京：中国财政经济出版社，2009.7

ISBN 978－7－5095－1560－0

Ⅰ．股…　Ⅱ．①高…②高…　Ⅲ．股票－证券投资－基本知识　Ⅳ．F830.91

中国版本图书馆 CIP 数据核字（2009）第 060200 号

中国财政经济出版社 出版

URL：http：//ckfz.cfeph.cn

E－mail：ckfz@cfeph.cn

社址：北京市海淀区阜成路甲 28 号　邮政编码：100142

发行处电话：88190406　财经书店电话：64033436

北京富生印刷厂印刷　各地新华书店经销

787×960 毫米　16 开　11 印张　190 000 字

2009 年 7 月第 1 版　2009 年 7 月北京第 1 次印刷

印数：1—5 060　定价：35.00 元

ISBN 978－7－5095－1560－0/F·1353

（图书出现印装问题，本社负责调换）

作者感言

只要用心，就有可能，只要开始，就有成功！
只要播种，就有丰收，只要肯舍，必有所得！

俗语说：炒股容易赚钱难！目前，沪市大盘从年初1800点已上涨至现在的2900点之上，沪市大盘有55%左右的升幅，深市大盘从年初6500点已上涨至现在的11400点之上，深市大盘均有70%左右的升幅，有的个股已翻倍，但广大的炒股者仍是输多赢少。这是为什么呢？因为，股市存在着三大类股民：

一类是先知先觉者：这类人是股市的冒进者，总认为自己是股神，什么都懂，别人都不如他，站在市场之上，特点是自傲自大，自以为是，目空一切，他行他素。又想买到最低点，又想卖到最高点，最后的结果是，大户变中户，中户变散户，直到在股市中销声匿迹。

也就是大家常说的鱼头鱼尾都要，鱼身也要，按我们的说法：就是走在趋势之前。

二类是后知后觉者：这类人是股市的稳健者，特点是不当上游不当下游，不争先不落后，只当中游稳当一些，能赚大钱，亏不了大钱。他们能做到，主力进场，我跟着进场，主力退场，我也退场。

也就是大家常说的鱼头鱼尾不要，只吃鱼身，按我们的说法：就是走在趋势之后。

三类是不知不觉者：这类人是自己没有主张，什么都不懂，是典型的墙头草，刮东风向西倒，刮西风向东倒，这类的股民只会跟风炒股，是赚不了大钱的。

以上三类股民，当你们看了《股市实战兵法——炒股就两招》实战教材后，就会知道在股市中怎样进行投资及投机，以什么样的姿态去面对瞬息万变的股市，怎么样赚到更多的财富，知道炒股到底炒什么？

现在绝大部分炒股者仍然是（输就输在这儿）：

炒股复杂化，手段多样化，炒股难赚钱，不知听谁话！

但愿你们看完《炒股就两招》这本书后，能做到（赢就赢在这里）：

炒股简单化，要听市场话，炒股想赚钱，只听市场话！

建议有缘的读者，拿到股市“驾照”再炒股。

拿到驾照再开车，这是开车者的常识，也是交通“法律法规”要求必须做到的，没有驾照去开车，后果是什么？

开车人都知道“红灯停，绿灯行”是“交规”的基本条例。无照开车者，如果你是偶尔闯一次红灯，可能不会出事，但这纯属偶然，如果你每次都不遵守“交规”，次次闯红灯，后果是什么？不言而喻了。

因为开车者拿到“驾照”，是经过专门的技能、常识、“交规”等系统性培训，必须要经过反复学习，反复的实际操作和严格的考试考核，全部合格后，才能拿到驾照。这样才能大大提高你在实际驾驶的安全系数，减少出事故的概率。

如果炒股者也能接受类似学习驾驶的培训，首先有一个好教练把有关股市的方方面面，从理论到实战反复的、手把手的教会你，培训全部合格后再去炒股。并告诉你：什么时候买股票能赚大钱，什么时候买股票能赚小钱，什么时候买股票不赚钱，就像“红灯必停，绿灯必行”的道理一样。经过严格的系统性培训，拿到“股市驾照”后再去炒股，结果会怎样？请广大有缘的读者“三思而行”吧。

但愿广大有缘的读者，看完《股市实战兵法——炒股就两招》这本书后，有什么不同的观点、不同的论点、不同的操作理念、不同的操作手法及有什么要求……，尽可能在第一时间内上 www.85132400.com 网站，与我们沟通，与我们交流，让你们在2009年下半年炒股有所回报，最起码让你们把买书的钱“赚”回来吧。

目 录

前　言

——您听【市场】话了吗？您跟【市场】走了吗？

2008 年，您为什么会赢！又赢在那里？为什么会输，又输在哪里？

毫无疑问，2008 年股市是跌宕起伏、令炒股人终身难忘的一年。无数投资者经历了从“天堂到地狱”的过程，很多人从“富翁到负翁”，一夜之间一文不名。

回顾 2006 至 2008 牛熊三年，也许比单独看 2008 年更有意义。短短三年，新股民经历了资本市场和实体经济所有要经历的事情，老股民也目睹了前所未有的极端状况。

深刻反思这三年，把实践中验证的真理牢记心中，远比金钱上的得失重要。无论成功还是失败，如果能用正确的态度对待 2008 年之熊市，未来无论有多大的风浪也能泰然处之。

2005 年底牛市来临前“市场”一片漆黑，跌破 1000 点时，几乎所有人陷入了绝望，500 点、800 点不绝于耳，更有投资者经历四年熊市的煎熬后选择果断退出。黎明前的黑暗是最可怕的，但光明很快就会来临。牛市悄无声息地降临了，当许多人还在盼望着回调买入时，股指已从 2006 年 6 月 6 日的 998 点，一路震荡向上，真是“轻舟已过万重山”，一去而永不回头。

2006 年和 2007 年大部分时间在如火如荼的牛市中度过，疯狂的上涨，使多数人开始失去理性并适应了高估值，40 倍市盈率成为低估，而 80 甚至 100 倍成为了新目标，不断膨胀的欲望让 6000 点成为某些人心目中的新起点，仿佛8000、10000点如囊中探物。

市场“规律”这时显现威力，飞流直下的暴跌，令许多股票从终点回到了起点。许多简单的“投资规律”在三年牛熊转换中，都毫无例外地再次得到验证。

我们通过事实而得到的结论是：

1. 股市运行“规律”适用于任何国家及任何市场。许多人心存侥幸地认为高速发展的中国可以例外，奥运会等因素能让牛市进行下去，结果却大相径庭。

2. 任何股票都不可能一直维持过高的估值。许多价值投资者，根据两三年的经验，就错误地认为优质股票的估值可以例外而不会下跌……，最典型的是大批阳光私募基金及一些大主力，2007 年下半年，总自以为是地高估自己的智慧，不顾估值大量建仓，而又不设止损位，最后导致巨额亏损。

3. 股市涨、跌是必然的，而且每次发展的方式都不同，常常出乎投资者意料之外，不要希望根据“历史经验”，或自己的“经验”对股价进行预测。

近三年的上涨和下跌无论是速度和绝对值都是历史罕见的。没有人想到 2006 年上涨三倍后 2007 年能再度翻番，也没有人想到，在没有大反弹的 2008 年，沪市股指从 2007 年 10 月 16 日的 6124 点，震荡下跌至 2008 年 10 月 28 日的1664 点，沪市股指下跌了 73% 左右（见图一）。

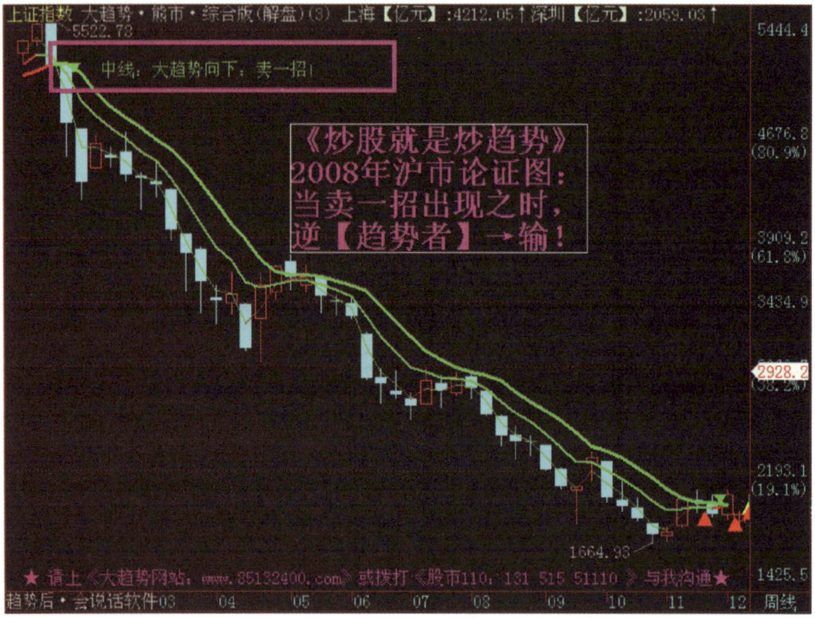

图一

尤其在 2008 年的下半年，奥运会召开前后，管理层各有关部门都采取“维稳股市”的有关措施，并数次用“政策”来救市……。结果，“市场”毫不理会管理层的良苦用心，两市股指一路震荡下跌，跌幅创下了中国股市的历史之最。

因为趋势向下时，任何人、任何机构、任何庄家及“管理层”，都不能改变大盘运行的趋势，这正是所谓炒股就是炒“趋势”！

虽然2008年我们研发的【大趋势软件】能准确、即时地判断“市场的下跌趋势”并躲过了“灾难性”的跌幅，但对很多炒股者来说是大输家，为什么会输？至今他们未弄懂，有的炒股者，甚至一辈子都不会懂！

历史的列车很快驶入2009年。经过超级熊市的洗礼，很多投资者的信心已经崩溃，加上金融危机没有见底，更让未来蒙上一层阴霾，股市的“下跌论”和“末日论”继续盛行，吸引的眼球越多，误导性越强。

历史上几乎没有“经济学家”因为股票投资而成为巨富，经济学家们的预测也常常成为“反向指标”，宏观经济永远扑朔迷离。

既然“经济”和“市场”都不可测，目前所有的研究机构、基金、主力、庄家，又在“指手划脚”、大肆忽悠，2009年股指会涨到多少点？跌到多少点？……他们能说准吗？他们能猜准吗？如果他们能说准，能猜准，那有关媒体上的报道：某基金2008年浮亏多少亿、某公司2008年浮亏多少亿、某机构2008年浮亏多少亿、某银行2008年持有某股票亏损多少亿等等的消息，尤其是中国石油，从2007年11月5日上市之时的开盘价48.60元，而今股价只有十多元了，一些大主力、大庄家、大机构仅在中国石油这一只股中，被套资金达7万亿之多。这些消息又从何而来呢？

所以我们认为：还是把重点落在“趋势”上吧。无数的事实证明，炒股就是炒“趋势”！其他的方法能帮您赚到钱吗？

当您一只脚刚刚迈入股市大门时，“市场规律”就是唯一的一把能开启股市之门的金钥匙：

1. 凡炒股者：您可以在什么都不懂时，您就必须要懂得股市是有“规律”在运行。

2. 凡炒股者：您可以在什么都不知道时，您就必须知道只有“上升趋势”才能赚钱。

3. 凡炒股者：您可以在什么都不会看时，您必须学会看“市场趋势图”。

4. 凡炒股者：您可以在什么都不听时，就必须听“市场”话，然后跟“市场”走。

股市唯一的能赚钱的方法，就是永远在“上升趋势”刚刚形成之后买进，永远在“下降趋势”刚刚形成之后卖出。除此之外，别无其他办法！你如还不相信？再试一试吧！

目前只有我们研发的【大趋势软件】有“上升趋势”刚刚形成之后买进、

“下降趋势”刚刚形成之后卖出的提示性功能。而且全部都做到了文字化（见图二）。

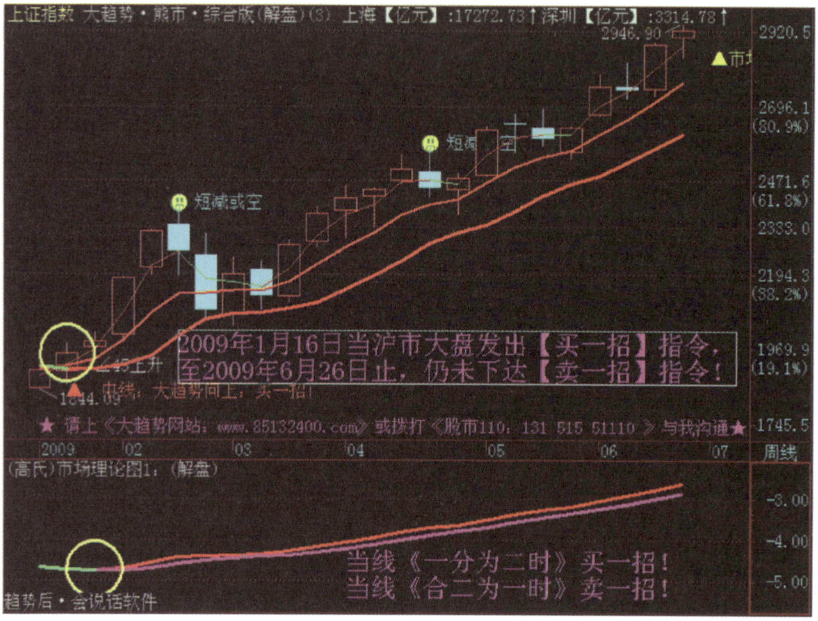

图二

注：从2009年第一波行情来分析，当时世界股市在震荡下跌，金融危机依然蔓延，唯独中国股市在上涨，而且是涨有涨的规律，跌有跌的规律，所以我们认为，股市的涨跌均按自身规律在运行，一旦规律形成（涨、跌），不以人的意志而转移。大量的事实证明，我们的观点是正确的。

从2007年10月16日6124点下跌以来，包括基金、主力、私募、股市高手等大量的“市场投资者”都或轻或重地惨遭空头的肆虐与沉重打击！与其说是凶狠的、无休止的空头，不如说是“空头趋势”的无情下跌更为准确！

无论是“4.24”印花税救市，“奥运前夕”之维稳，还是“9.18”的强力救市，市场依然是处于大的“空头趋势”之中，也就是处于所谓的“熊市不言底”之中！不管你有多么大的雄心壮志，罗列无数“看多”的理由，但市场仍然是空头市场、弱势市场，市场的趋势并没有发生实质性的改变！

（注：近期的美国股市，不管是谁上台、谁下台，用多少资金来救市，美国股市仍在不断创新低，为什么呢？用“市场规律”来分析，就是市场仍是下降趋势，股市就是不涨，美国

政府想尽一切能救市的方法都不能奏效，只能耐心等待市场形成上升趋势之后才能……。在这段时期内，美国“股神”巴菲特，也不能幸免资金大幅缩水的结局。

美国股市如此、英国股市如此、法国股市如此、我国香港股市如此、全世界股市都如此!）

但是我们并非一定就“死空”下去，而要告诉你，是主观地看待目前的市场，还是根据市场的反映，客观的认识市场！是尊重市场目前的趋势，还是预期市场未来可能的趋势？前者有现实主义与消极主义两重意义，而后者有主观主义与前瞻主义的思想！如果仅仅从实战的角度上认识，我们为什么要主观臆测呢？如果仅仅从市场未来的发展角度来看，目前的消极确实变得鼠目寸光了，要不要大智若愚？是战略性介入？还是静观其变、不为所动？这个问题，还是因人而异，或因股而异吧。

所谓“政策”底、还是“市场”底，都无法让您相信与接受，因为有前车之鉴，因为有“市场内在的运行规律”存在，因为此前每一次的“政策利好消息”出台，都造成了市场的大幅脉冲式上涨，而每一次主力都会“金蝉脱壳”；每一次的上涨过后都是自由落体式下跌，无休止的创新低！

我们从【大趋势软件】可以看得很清楚，政策利好出台，一波反弹行情结束前后，【大趋势软件】都是由“三线变红到三线变绿”并同时下达各种文字提示，准确地告诉炒股者，一波反弹行情的开始至结束。2008 年的五次反弹行情论证图（后附有每一波“反弹行情”的论证图）反映，我们的主观不能超越客观！主观还有可能淹没在客观之中。因为你的战略性是建立在主观基础之上的，而市场依然在客观“空头市场”之中。我们要想长期地战胜市场，必须先尊重市场，等待市场出现了趋势性的变化，那才是我们的主观及时发生变化的契机！事实上我们大部分时间都是受制于市场，在市场面前我们还是要“谦虚并谨慎”！

不要以为股价很低了，就以为市场到底了，以为遍地都是黄金了。因为市场才是真正的智者，市场才是真正的老师！让市场告诉你一切，而不是所谓的专家、所谓的名人告诉你一切！

所以，请你切记：让市场告诉你一切，让【大趋势软件】告诉你一切吧！

图三反映的是2009年中央“两会”召开前后的股市行情：

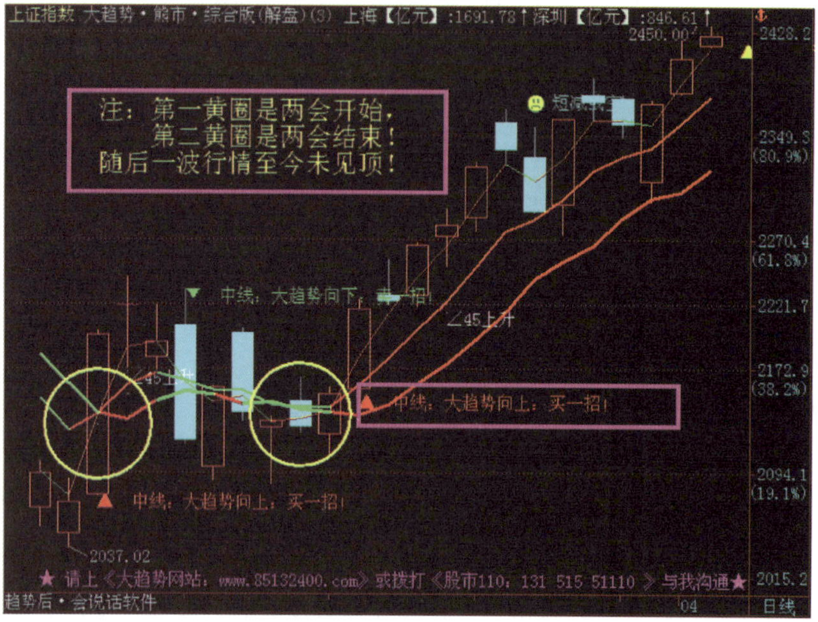

图三

3月3日之前，大盘震荡向下运行，两会召开当日，大盘收了一根小阳性，第二天沪市收了一根126点的大阳线，很多投资者都认为，两会期间股市会有一波较好的行情，结果如何？3月5日，当天高开后即低走，收了一根阳十字星，后几个交易日，便一路震荡向下运行。3月13日两会结束时，收了一根小阴线，大家所希望的两会期间会有一波行情，结果没有达到预期的目标，有人会问为什么？我们认为，在这段时间内，大盘趋势向下运行，市场不可能让你赚钱。“两会”刚结束的第二天，市场趋势发生改变，【大趋势软件】出现提示性“买/持股”文字，这时买进股票，赚钱的机率就大大提高了。

尊重趋势就是尊重自己！尊重预期可能会虚无缥缈！如果想长期在股市之中生存，就永远不要主观，不要自以为是，必须学会客观看待市场。股市的上涨需要成交量，没有了成交量你能够期待什么？没有“量能”就没有行情，没有“量能”就没有持续性，这就是客观！如果你把自己的主观建立在超越客观因素的基础之上，违背客观规律就会以失败而告终！

特别是6124点下跌以来的“空头”市场，只要你采取了持股不卖的策略，不会应变，就是违反了客观事实，因为你采取了主观的方式来应对客观！导致你的资金巨大亏损，你受到的重创，就是“趋势”对你的报复！就是“市场”对你的报复！

不管你相不相信！我们今天不去说“大小非”，不去谈金融危机，不去谈经济滑坡，不去谈盈利下降，不去谈未来怎样，只说“趋势”！就是告诉你一个大道至简、一个浅显的道理，不要猜底，不要猜趋势，不要猜未来，“要顺应市场，顺应趋势”，趋势向上你就买股票，趋势向下你就卖股票！最后送你一句话“日出而作，日落而息”！否则你炒股会很累！

图四至十一是【大趋势软件】对沪市“2008 年熊市五次反弹”和“2009 年沪市第一次反弹”出现的提示性图形，并用“三线同时变红就满仓”、“三线同时变绿就空仓”文字提示操作者。请大家验证一下，按“文字提示”操作，你会赔钱吗？

2008 年沪市大盘五次反弹，通过【大趋势软件】反映的论证图（图四）

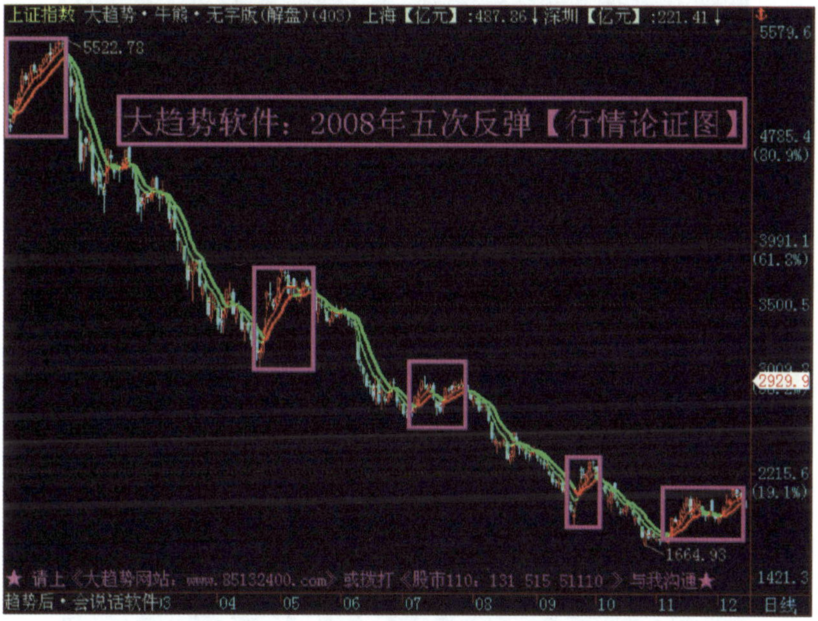

图四

2008 年沪市大盘：【大趋势软件】第一次反弹论证图（图五）

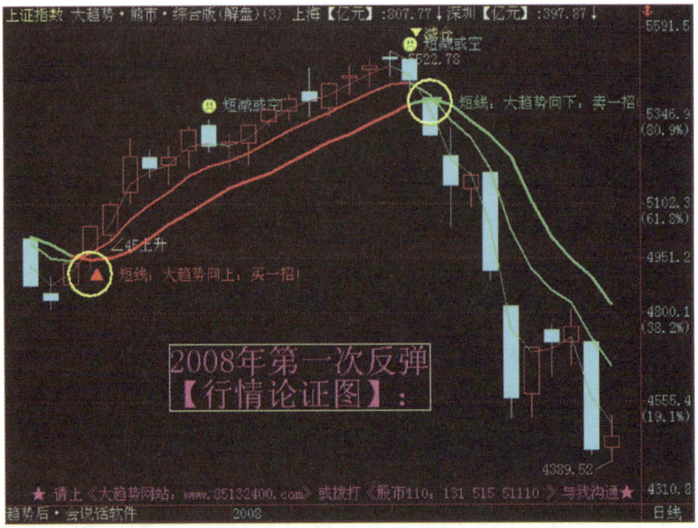

图五

从2007年12月18日至2008年1月14日：反弹17天，股指涨幅达14.8%。

2008年沪市大盘：【大趋势软件】第二次反弹论证图（图六）

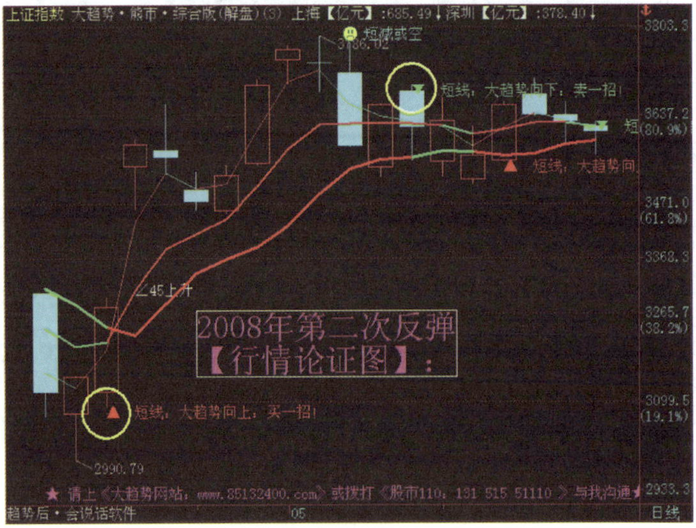

图六

从2008年4月22日至2008年5月6日：反弹8天，股指涨幅达26%。

2008年沪市大盘：【大趋势软件】第三次反弹论证图（图七）

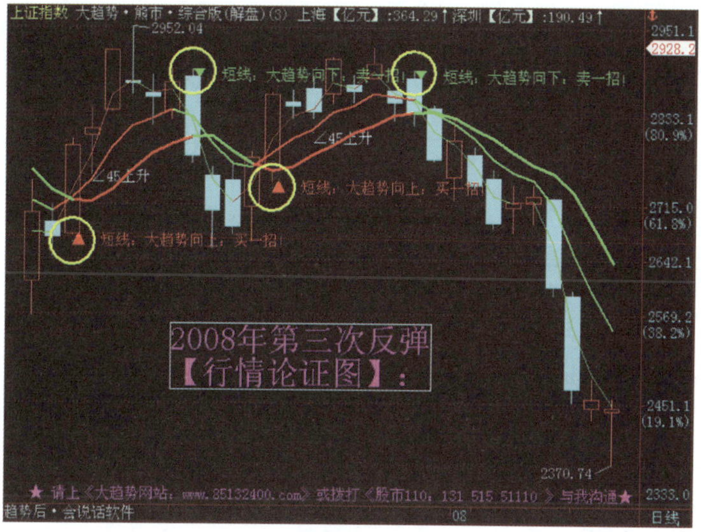

图七

从 2008 年 7 月 7 日至 2008 年 7 月 28 日：反弹 16 天，股指涨幅达 25%。

2008 年沪市大盘：【大趋势软件】第四次反弹论证图（图八）

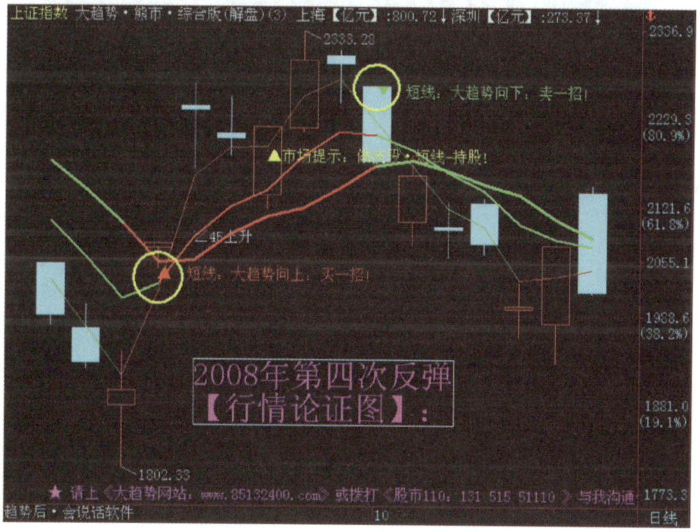

图八

从 2008 年 9 月 18 日至 2008 年 9 月 25 日：反弹 5 天，股指涨幅达 29%。

2008 年沪市大盘：【大趋势软件】第五次反弹论证图（图九）

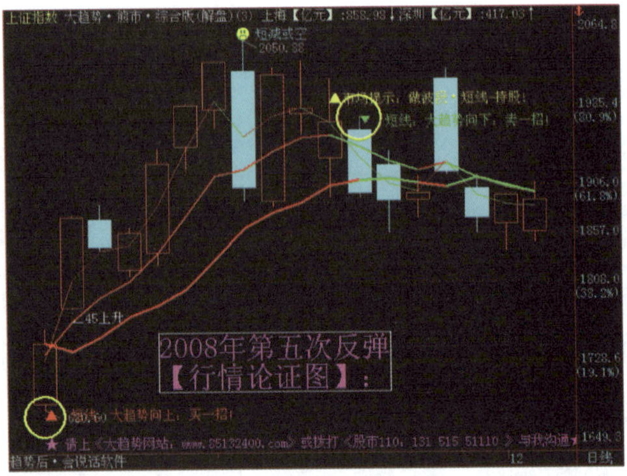

图九

从 2008 年 11 月 10 日至 2008 年 12 月 9 日：反弹 20 天，股指涨幅达 25%。

2009 年沪市大盘“日 K 线”第一波反弹行情（见图十）

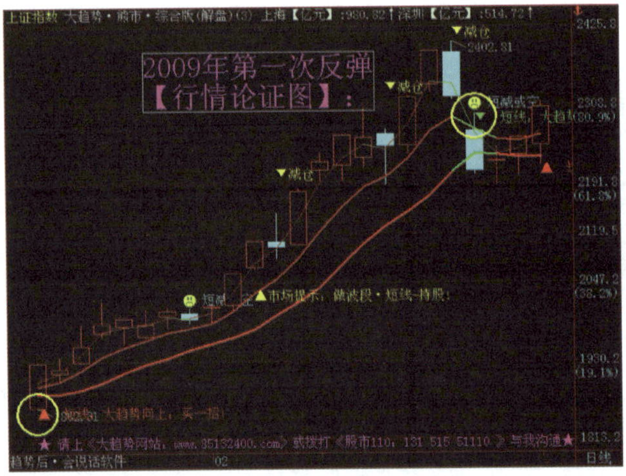

图十

2009 年沪市大盘“日 K 线”第一波反弹行情，从 2009 年 1 月 14 日开始，【大趋势软件】短线，自动发出：今日趋势向上：买/一招！文字提示。您就买股票吧，买什股呢？只要买“出现”自动发出：今日趋势向上：买/一招！文字提示的，任何一只股都行。都会有不同程度的收益。至 2009 年 2 月 18 日止，【大趋势软件】又自动发出：今日趋势向下：卖/一招！文字提示。

2009年沪市大盘“周K线”第一波反弹行情（见图十一）

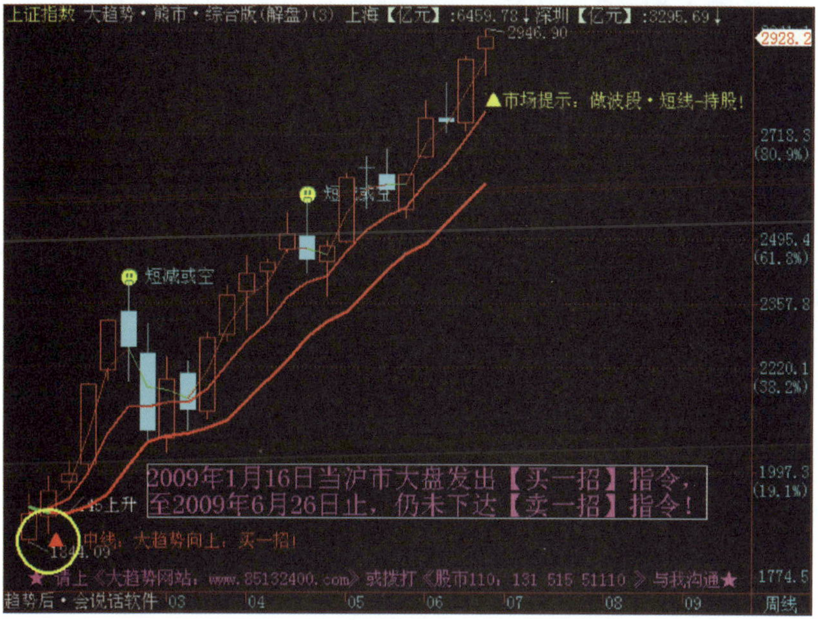

图十一

2009年沪市大盘“周K线”第一波反弹行情，从2009年1月16日开始，【大趋势软件】中线发出，大趋势向上：“买一招”文字提示。

直至2009年6月26日发稿日止，沪市大盘“周K线”未发“卖一招”文字指令。

【大趋势软件】告知：做短线者可“减仓或空仓”，做中长线者仍可持股，中线者等待何时出现文字提示：中线“减仓或空仓”再离场也不迟。

各位读者、各位股友：《股市实战兵法——炒股就两招》告诉您的就是这样一个“大道至简”的道理。

作者：高竹楼　高海宁

2009年6月26日于南京

股市基本知识

（一）操盘须知

1. K线：用红、绿颜色分别表现股票的开盘、最高、最低、收盘价格的状态的图线。

阳线：当日股价收盘价高于开盘价。

阴线：当日股价收盘价低于开盘价。

上影线：当K线为阳线时，上影线为当日最高价与收盘价之差。当K线为阴线时，上影线为当日最高价与开盘价之差。

下影线：当K线为阳线时，下影线为当日开盘价与最低价之差。当K线为阴线时，下影线为当日收盘价与最低价之差。

实体线：当日收盘价与开盘价之差。如果收盘价高于开盘价，实体为红色柱体；反之为绿色柱体。

2. 买盘：买入股票的资金意愿和实际行为。

3. 卖盘：卖出股票的资金意愿和实际行为。

4. 委买手数：已经输入证交所主机电脑，欲买进某股票的委托手数。

5. 委卖手数：已经输入证交所主机电脑，欲卖出某股票的委托手数。

6. 红盘：红，代表股价上升，今日收盘价高于昨日收盘价，称作“红盘”报收。

7. 绿盘：绿，代表股价下跌，今日收盘价低于昨日收盘价，称作“绿盘”报收。

8. 平盘：股价基本上“没涨没跌”，称作“平盘”报收。

9. 开盘价：指股票当天“集合竞价”成交的价格。

10. 最高价：指股票当天“最高成交”的价格。

11. 最低价：指股票当天“最低成交”的价格。

12. 收盘价：指股票当天“最后一笔交易”前一分钟（含最后一笔交易）所有交易的成交量加权平均价。

13. 交易时间：每周一到周五“上午9点30分到11点30分，下午13点到15点”。国家法定的公众假期除外，如：春节、国庆节等。

14. 集合竞价：（开盘价如何产生）每天交易开始前，即：9点15分到9点25分，沪深证交所开始接受股民有效的买卖指令，如：涨跌幅必须按规定填单（当日上市的新股除外），否则主机不接受。但此时电脑不撮合成交。在9点30分正式开盘的一瞬间，沪深证交所的电脑主机开始撮合成交，以每个股票最大成交量的价格来确定每支股票的开盘价格（价格优先：股票买卖时，如果许多股民同时买卖一个股票，则必须按照“价格优先，时间优先”的规则办）。下午开盘没有集合竞价。集合竞价不适用范围：新股申购、配股、债券。

15. 报价单位：A 股申报价格最小变动单位为 0.01 元人民币。

16. 连续竞价：集合竞价主要产生了开盘价，接着股市要进行连续买卖阶段，因此有了连续竞价。集合竞价中没有成交的买卖指令继续有效，自动进入连续竞价等待合适的价位成交。而全国各地的股民此时还在连续不断地将各种有效买卖指令输入到沪深证交所电脑主机，沪深证交所电脑主机也在连续不断地将全国各地股民连续不断的各种有效买卖指令进行连续竞价撮合成交。而无效的买卖指令主机不接受。如：股票价格涨跌幅超过限制等（当日上市的新股除外）。

17. 涨/跌停板：为防止证券市场的价格发生暴涨暴跌现象，自 1996 年 12 月 26 日起，深沪证券交易所根据需要，规定股票买卖每日市价的最高涨至（或跌至）上日收盘价的 10% 幅度，即：前日收盘价 ×（1 + 涨跌幅比例）。计算结果四舍五入。如果当天股价达到了上限或下限时，不得再有涨跌，术语称为“停板”。当天市价的最高上限称为“涨停板”，最低下限称为“跌停板”。如：深发展昨日收盘价 10 元，今天它的股价涨跌浮动范围就是 11 元到 9 元。如果是 ST 股，涨跌幅度为 5%。所以您报价时，要遵循涨跌停板规则，否则是无效的。

18. 新股上市与涨跌停板。新股上市当天，价格涨幅上限为发行价格（1 +1 000%），下限为发行价格（1 −50%）。但第二天就要“遵循涨跌停板”规则。

新股上市的限价规定：新股上市当天价格在委托时，要遵守一些规则。如深市规定：新股首日上市集合竞价范围为其发行价的上下 150 元范围之内，连续竞价的有效竞价范围是最近成交价的上下 15 元范围以内。沪市对新股首日上市连续竞价的有效竞价范围是当时股价的 10%。如：贵州茅台（600519）2001 年 8 月 27 日上市，它的发行价格是 31.39 元，集合竞价如果在深市，则有 150 元的限制，范围是 −118.61 元至 181.39 元。该股开盘后进入连续竞价，其价格不断发生变化，但是您填单时，要在当时价格的 15 元范围之内。假设当时价格是 35 元，填单范围是 20 至 50 元。如果价格一会儿变成 40 元，填单的范围也相应改变为 25 元至 55 元。如果在沪市，贵州茅台首日上市集合竞价范围无任何限制。进入连续竞价后，其价格填写一定要符合 10% 的规定。假设当时价格是 35 元，填单范围是 31.50 元至 38.50 元。如果价格变成 40 元，填单的范围也相应改变为 36 元至 44 元。

19. 一手：一手就是 100 股。股票买卖原则上应以一手为整倍数进行。如买 100 股，3 500 股等。不能填买入 320 股，5 380股。但由于配股中会发生不足

“一手”的情况，如 10 送 3 股，您有 100 股，变为 130 股，这时可以卖出 130 股。也就是说，零股不足“一手”可以卖出。

20. 现手：就是当时成交的手数。如：某股票开盘成交了 3 000 股，即成交了 30 手。

21. 股票代码：用阿拉伯数字表示不同的股票及其含义。沪市 A 股票买卖的代码是以 600 或 601 打头，如：B 股买卖的代码是以 900 打头，如：深市 A 股票买卖的代码是以 000 打头，如：B 股买卖的代码是以 200 打头如：沪市新股申购的代码是以 730 打头，如深市新股申购的代码是以 080 打头，如中小板股票代码以 002 打头。

22. T+1：T 是英文 Trade（交易的意思）的第一个字母。目前沪深两所规定，当天买进的股票只能在第二天卖出，而当天卖出的股票确认成交后，返回的资金当天就能买进股票。此交易规则简称为 T+1。

23. 交易费用：主要有两项（其他如过户费等不计），即：印花税和交易佣金费，均以成交额为计算基数。

24. 股票：指公司签发的证明股东所持股份的凭证。过去由“纸张”的形式作为股票凭据，现在沪深证交所股票买卖实行无纸化，由计算机交易。您的股票由证券交易所或证券商代您委托保管，简称“托管”。

25. A 股：在我国境内，由境内公司发行，由境内投资者（国家允许的机构、组织和个人）购买的，在境内交易的人民币普通股票。

26. B 股：B 股的公司在境内发行和上市，以人民币表明面值，由外国人和港澳台的法人、自然人和其他组织，以及境内外的中国公民，以外币认购和买卖的特种股票。

27. H 股：H 股的公司注册地在境内，但在香港发行和上市，以港币表明面值，由外国人和港澳台的法人、自然人和其他组织以外币认购和买卖的特种股票（由此引申出 N 股即在纽约上市的股票等）。

28. 大盘股：没有统一的标准，一般约定俗成指股本比较大的股票。如中国银行股本达 2 538 亿股。

为什么大盘股可以影响指数：目前沪综指、深综指计算指数点位是以总股本为基数计算的。而大盘股的总股本都在几十亿股以上，因此主力如果通过指数影响大盘，就以大盘股为主要对象。不仅综指是这样，成指也一样。因为大盘股流通股的份额也很大。因此，主力拉动成指，也要靠拉动大盘流通股达到目的。反之则相反。可见大盘股影响指数的升降。

29. 小盘股：没有统一的标准，一般约定俗成指股本比较小的股票。

30. 次新股：一般指上市不到两年的股票。

31. 黑马股：一般指股价突飞猛进的股票。

32. 绩优股：一般指公司业绩优良的股票。通常以每股收益和净资产收益率连续几年处于领先的地位确定。如大家熟悉的“贵州茅台”、“五粮液”等。

33. 垃圾股：一般指公司业绩很差的股票。通常以每股收益和净资产收益率连续几年处于负值的情况确定。如第一家退市的“水仙电器”股票。

34. 蓝筹股：西方赌场中有三种颜色的筹码，蓝色、红色、白色。蓝色筹码最值钱。所以套用在股市上，蓝筹股就是指公司业绩优良，在行业内和股市中占有重要地位的股票。

35. 国有股：指由国家和国有法人投资形成的股份。2006 年 8 月后可以陆续流通。

36. 法人股和公众股：指由国有法人和非国有法人投资形成的股份。2006 年 8 月后可以陆续流通。公众股：指自然人和法律允许的机构投资者购买公司股票形成的股份是公众股。公众股可以流通。

37. 五无概念股：俗称“无概念”股，实际上为五无概念股。指在股本结构中无国家股、法人股、外资股、内部股、转配股。所有股份全部是社会公众股，因此，全部可以流通。如沪市的“方正科技”（600601）、“兴业房产”（600603）、“申华实业”（600653）、“飞乐音响”（600651）、“爱使股份”（600652）共 5 只股票。正由于这 5 只股票是“五无”，所以炒作起来比较方便。

38. 送股：上市公司分红的一种形式。即采取送股份的办法。

39. 转股：上市公司分红的一种形式。即采取从资本公积金中转增股份的办法分红。

40. 板块股：一般指同处一个行业上市公司的股票。如金融板块、科技板块等。

41. 股份有限责任公司：指全部资本分为等额股份，股东以其持有股份为限，对公司承担有限责任。公司以其全部资产对公司的债务承担有限责任。所谓有限责任，通俗指：您有某公司 1000 股股票，那么您对该公司承担的责任为“1000 股”有限的责任。

42. 股东：合法购买了某公司的股份，您就是该公司的股东。按其股份，您相应有责任、义务、权利、利益、风险等。即：同股、同权、同责、同利、同险。

43. 股民：指经常活跃在股市进行买卖股票、赚取差价盈利的群体。和股东的区别是：股东相对比较固定，而股民流动性强。所以有一个说法：炒股炒成了股东。意思是：某股民买了股票后被套，由此停止了频繁的交易，由股民变为股东。

44. 建仓：指买入股票并有了成交结果的行为。

45. 补仓：指分批买入股票并有了成交结果的行为。

46. 平仓（清仓）：一般指买进股票后，股价上涨有盈利后卖出股票并有了成交结果的行为。

47. 斩仓（砍仓）：一般指买进股票后，股价开始下跌造成亏损后卖出股票并有了成交结果的行为。

48. 全仓：买卖股票不分批、分次，而是一次性建仓或一次性平仓、斩仓并有了成交结果的行为。

49. 半仓：买股票时仅用 50% 的资金建仓。平仓、斩仓卖出股票仅卖掉 50% 。并先后顺利成交。

50. 满仓：指您已经用全部的资金买进了股票，账户上已经没有充足的资金再继续买进股票，此时您的仓位已经填满了。

51. 主力庄家：指非常有资金实力的和深层背景的炒作集团。

52. 多头（多方）：预计股价上升，看好股市前景的投资者。

53. 空头（空方）：预计股价下跌，不看好股市前景的投资者。

54. 利多（利好）和利空：有利于多头的各种信息叫利多（利好）。如管理层鼓励股市上升的政策；经济指标好转的信息；上市公司业绩良好等。有利于空头的各种信息叫利空。如监管股市的政策出台；经济指标恶化的信息；上市公司业绩滑坡等。

55. 多头排列：短期均线上穿中期均线，中期均线上穿长期均线，整个均线系统形成向上发散态势，显示多头的气势。

56. 空头排列：短期均线下穿中期均线，中期均线下穿长期均线，整个均线系统形成向下发散态势，显示空头的气势。

57. 牛市：指股市行情波澜壮阔，交易活跃，指数“屡创新高”的态势。

58. 熊市：指股市行情萎靡不振，交易萎缩，指数“一路下跌”的态势。

59. 跳空高开：指开盘价格超过昨日最高价格的现象。

60. 跳空低开：指开盘价格超过昨日最低价格的现象。

61. 跳空缺口：指开盘价格超过昨日最高价格或开盘价格低于昨日最低价格的空间价位。又分为“向上”的跳空缺口和“向下”的跳空缺口。

62. 套牢：指买入股票后股价下跌造成“账面损失”的现象。

63. 解套：指买入股票后，股价下跌“暂时造成账面损失”，但是以后股价

“又涨回来”的现象。

64. 止损：指买入股票后股价下跌，股民亏损“斩仓出局”以防股价进一步下跌，造成更大损失的行为。

65. 金叉（黄金交叉）：技术分析中的术语。指短期移动平均线向上穿过中期移动平均线或短期、中期移动平均线同时向上穿过长期移动平均线的走势图形。此交叉点是建仓的机会，所以把此交叉又称作黄金交叉，简称金叉。

66. 死叉：技术分析中的术语。指短期移动平均线向下穿过中期移动平均线或短期、中期移动平均线同时向下穿过长期移动平均线的走势图形。此交叉点意味着股价要下跌，应该及时平仓。所以把此交叉走势称作死叉。

67. 一级市场（发行市场）：股票处于招募阶段，正在发行，不能上市流通的市场。

68. 二级市场（流通市场）：股份公司的股票发行完毕后上市可以进行买卖的市场。

69. 换手率：某股票当日成交量与其总股本的比率。如：中信证券（600030）2003 年 1 月 6 日上市，当日成交 19 428.85 万股，与其总股本 248 150 万股相除，换手率为 7.828%。

70. 市盈率：市盈率反映了一个公司的股价与其每股税后利润的关系。其计算公式是该公司股价收盘价与该公司每股税后利润（每股收益）之比。由于股价每天都在变化，而每股收益一年只计算一次。再加上有不流通股的问题，所以用“市盈率”作为唯一衡量股市的标准是不科学的。此外，亏损股不计算市盈率。市盈率按调整的每股收益计算市盈率是一个动态指标，一是每日收市价在变化；二是上市公司送配股后，股本发生变化，因此每股收益也要变化。所以市盈率计算应随时按新调整的每股收益调整。

71. ST 股：ST 是英文 Special Treatment 的缩写，意为特别处理。如果公司出现财务状况异常，则其股票就要被戴上 ST 的帽子。

72. 暂停上市、恢复上市和终止上市：证券交易所依法决定上市公司股票的暂停、恢复或终止上市。证券交易所应在作出上述决定后 2 个工作日内，报中国证券监督管理委员会（以下简称“中国证监会”）备案。证监会认为证券交易所所作出的暂停、恢复或者终止上市的决定不符合有关法律、法规和本办法的规定，可以要求证券交易所予以纠正，或者直接撤销其决定。

①暂停上市，公司出现最近 3 年连续亏损的情况，证券交易所应自公司公布年度报告之日起 10 个工作日内作出暂停其股票上市的决定。

②恢复上市，公司股票暂停上市后，符合下列条件的，可以在第一个半年度

报告披露后的 5 个工作日内向证券交易所提出恢复上市申请：A. 在法定期限内披露暂停上市后的第一个半年度报告。B. 半年度财务报告显示公司已经盈利。

③终止上市，公司在法定期限结束后仍未披露暂停上市后第一个半年度报告的，证券交易所应当在法定披露期限结束后 10 个工作日内作出公司股票终止上市的决定。公司在法定期限内披露了暂停上市后的第一个半年度报告，但未在披露后的 5 个工作日内提出恢复上市申请，或提出申请后证券交易所未予受理的，证券交易所应在披露后 15 个工作日内作出终止上市的决定。证券交易所受理公司恢复上市申请后，经审核认为不符合恢复上市条件的，应在受理申请后 30 个工作日内作出终止上市的决定。公司股票暂停上市后，股东大会作出终止上市决议的，公司应当在 2 个工作日内通知证券交易所，证券交易所应在接到通知后的 5 个工作日内作出公司股票终止上市的决定。公司股票恢复上市后，在法定期限结束后仍未披露恢复上市后的第一个年度报告的，证券交易所应在法定期限结束后的 10 个工作日内作出公司股票终止上市的决定。公司股票恢复上市后，在法定期限内披露了恢复上市后的第一个年度报告，但公司出现亏损的，证券交易所应在其披露年度报告后的 30 个工作日内作出终止上市的决定。如果公司年度财务报告被注册会计师出具带解释性说明的无保留意见、保留意见、否定意见或拒绝表示意见的审计报告，证券交易所可以对公司财务报告盈利的真实性进行调查核实，调查核实期间不计算在前面规定的作出终止上市决定的期限之内。

股票终止上市的公司也不是无退路可言，可以依照有关规定与中国证券业协会批准的证券公司签订协议，委托证券公司办理股份转让（三板交易）。

73. 股权登记日：股票买卖是时刻进行的，因此股民持股也是经常更换，上市公司如果给股民分红、送股、配股时，必须要确定股民持股的日期。否则无法确定给谁分红。因此确定某一天为基准日就是股权登记日。一般第二天就是股票的除权、除息日。如果您在除权、除息日将股票卖掉，仍可以参加分红。

74. 除息和除权（XD、XR、DR）：除息英文是 EXCLUDE DIVI - DEND，简称 XD。除权英文是 EXCLUDE RIGHT，简称 XR。如果又除息又除权，则英文简称为 DR。上市公司送转股、配股和派息时，在股价上要除掉“股权和派息额”因此要确定除权除息日。按规定，除权除息的理论计算公式为：（前日收盘价 - 派息额 + 配股价 × 配股率）/（1 + 配股率 + 送转股率）。

如果某股票今天除息，则在该股票名称前标明 XD；如果某股票今天除权，则在该股票名称前标明 XR；如果某股票今天又除息又除权，则在该股票名称前标明 DR。以及时提醒股民。

友情提醒：请新股民们，熟悉以上的“名词”和他们的“含意”后，再进行实战操作。

投资者在入市时，应当对自己的主客观条件有一个全面的认识：

1. 能够“天天按时到证券营业部”上班，技术分析能力较强的“全职”股民可以“炒短”线；

2. 家中或办公室有“电脑”的上班族“可以做中线”；

3. 而以“储蓄思维”投资股市的投资者“只能做长线。

找准了适合自己的“定位”之后，还必须“始终”坚持。短线客“只做”短线，中长线的“只做”中长线。

作为两种“完全不同”的投资方法，短线投资的关键是找准“买一招”切入点，而中长线投资的关键是判断“长远趋势”，只吃“鱼身”，不必介意“短线”的一时涨、跌、强、弱。

（二）交易时间

1. 我国沪深股市交易时间为每个工作日：上午 9 点 30 分至 11 点 30 分；下午 13 点至 15 点。

2. 沪深股市上午 9 点 15 分至 9 点 30 分为集合竞价时间。

（三）什么叫基本面

所谓基本面，是指对影响股票市场走势的某些基础性的因素的状况，通过对基本面进行分析，可以把握决定股价变动的基本因素，是股票投资分析的基础，基本面因素主要包括：宏观经济状况，即利率水平、通货膨胀、企业素质、政治因素。

那么，政策面又包括哪些呢？

所谓政策面，是指对股市可能产生影响的有关政策方面的因素，主要可以分为三个方面：

1. 宏观导向，如政府的经济方针、长远发展战略以及体制改革和国企改革的有关思路与措施。

2. 经济政策，包括政府在财政政策、税收政策、产业政策、货币政策、外贸政策方面的变化。

3. 根据证券市场的发展要求而出台的一些新的政策法规，如涨跌停板、投资基金管理办法等。

（四）什么叫技术面

所谓技术面，指的是用来观察和预测股票市场走势和内在规律的一些指标和方法，主要包括：交易量、股价的新高或新低点、技术图形，根据K线理论、形态理论、波浪理论等技术分析方法。通过具体的图形、指标和计算方法，对大市及个股进行分析判断，并预测未来走势。

我一贯重视技术面，有“股市规律只能反映在技术图形中”之说。

下面就详细介绍一下技术面派。

首先，我们打开各种股市分析软件，各种“技术图型”都出现在我们眼前。什么叫技术分析，技术分析的含义又是什么？

技术分析是投资者分析预测股票走势时常用的一类方法，并采用技术图形表示的方式通过计算进行分析。对大市及个股进行“分析判断并预测未来”的走势。

技术分析的范围：

含“股价与成交量”两个基本要素，以及由这两个要素计算出来的一系列的技术指标。成交量与价格是相互影响，又是相互制约的，是相辅相成的。

技术分析的优点：

1. 简单明了，在电脑普及的今天，只要按一下某键，各种股票的情况都会一目了然地反映。

在投资者的眼前，只要学会操作钱龙图或胜龙图，（包括目前已面世的各种炒股软件）看懂钱龙图或胜龙图，投资者都能找到自己需要的各种资料。

2. 理性的分析，走势图中，不论是买进还是卖出，图中都有明确的信号，各种指标均在图中反映出来，说明市场反映一切。

技术分析包含三种基本假设：市场规律包含一切；价格以趋势（向上向下）方式演变；历史会重演（涨有涨的“规律”，跌有跌的“规律”，周而复始，永恒不变）。任何一位炒股者，都必须要了解、掌握、贯穿运用好K线、均量线、MACD、KDJ这四种基本的技术指示，股市的“市场规律”尽在其中。

技术分析对投资者来说是不可缺少的，它们均起着决定性的作用。

也就是说：“技术分析”不是万能的，“不重视技术分析”是万万不能的。尤其对初入市的投资者来说，技术分析可以起到一个良师益友辅导性的作用。问题是：投资者掌握的程度不同，而使用者必须“融合贯通”之后才能灵活运用，立于不败之地。技术分析指标在钱龙图、胜龙图里有“几十种”，我们前面介绍过的“一招一式”也是其中的一种。我们再说一下K线，K线是将股市每时、每日、每周、每月的股价变动的情形用图形来表示、判断股价未来动态的一种方法。

（五）股民的几种类型

1. 交了“学费”的股民，是走向“成熟”的股民。
2. 不懂“技术分析”的股民，算是“名誉”股民。
3. 了解、掌握“规律”的股民，是“真正”的股民。
4. 想在股市中“获利”的股民，都是“好”股民。
5. 不想“交学费”的股民，是“赚不到钱”的股民。
6. 想“投机取巧”的股民，是“失败”的股民。
7. 掌握“两招”的股民，是“赚钱”的股民。
8. 听“市场”话，跟“市场”走的股民，永远是“成功”的股民。

以上八种股民请大家对号入座。我相信，大家都应该是归之于成功的股民之列，但真正要享受成功股民的待遇，还得从基础学起。

（六）股市的春、夏、秋、冬

股市也像季节一样，有“春、夏、秋、冬”之分。

一般而言，股民只有理解季、月、周、日、分时等各种循环周期之间的互换关系，并融会贯通，才能在股市中立于不败之地。

春——股市筑底吸筹

在此阶段，庄家的主旋律就是盘底、吸货、试盘；跟风盘的策略就是观望，不产生任何购买便宜货的欲望。

夏——股市拉升

庄家要赚钱，此阶段是必经之路。庄家做盘的吸、拉、派三部曲必须通过第二阶段来完成。

夏——股市拉升阶段

在此阶段，要尽情选择行业独特、庄家高度控盘、走上升通道的股票来操作。

秋——股市头部派发出货

冬——股市在下降通道回调下跌

根据春、夏、秋、冬比喻的股市运行涨跌变化，炒股实战操作简单而言就是：

春（股市在筑底吸筹阶段）——买入；

夏（股市在拉升阶段）——持股；

秋（股市在头部派发出货阶段）——卖出；

冬（股市在下降通道回调下跌阶段）——休息。

这个规律就跟季节的春、夏、秋、冬一样，日复一日、周复一周、月复一月、年复一年、周而复始，永远不会改变。股市的四个阶段与现时的四个季节有一点不同的就是，春、夏、秋、冬四个阶段时间无规律，或春的时间长一些，夏短一些，秋又长一些，冬又短一些。但这四个阶段是决不会改变的。

（七）大跌市投资十大禁忌

1. 不要盲目杀跌。在股市暴跌中不计成本的盲目斩仓，是不明智的。止损应该选择目前浅套而且后市反弹上升空间不大的个股进行，对于目前下跌过急的个股，不妨等待其出现反弹行情再择机卖出。

2. 不要急于挽回损失。在暴跌市中投资者往往被套严重，账面损失巨大，有的投资者急于挽回损失，随意地增加操作频率或投入更多的资金。这种做法不仅是徒劳的，还会造成亏损程度的加重。在大势较弱的情况下，投资者应该少操作或尽量不操作股票，静心等待大势转暖，趋势明朗后再介入比较安全可靠。

3. 不要过于急燥。在暴跌市中，有些新股民中容易出现自暴自弃，甚至是破罐破摔的赌气式操作。但是，不要忘记人无论怎么生气，过段时间都可以平息下来。如果，资金出现巨额亏损，则很难弥补回来。所以，投资者无论在什么情况下，都不能拿自己的资金出气。

4. 不要过于恐慌。恐慌情绪是投资者在暴跌市中最常出现的情绪。在股市中，有涨就有跌，有慢就有快，其实这是很自然的规律，只要股市始终存在，它就不会永远跌下去，最终会有上涨的时候。投资者应该乘着股市低迷的时候，认真学习研究，积极选股，及早做好迎接牛市的准备，以免行情转好时又犯追涨杀跌的老毛病。

5. 不要过于后悔。后悔心理常常会使投资者陷入一种连续操作失误的恶性循环中，所以投资者要尽快摆脱懊悔心理的枷锁，才能在失败中吸取教训，提高自己的操作水平，争取在以后的操作中不犯错误或少犯错误。

6. 不要急于抢反弹。特别是在跌势未尽的行情里，抢反弹如同是“火中取栗”，稍有不慎，就有可能引火上身。在当前的市场环境，不存在踏空的可能性，投资者千万不要因为贪图反弹的蝇头小利，而冒被深套的风险。

7. 不要过分看跌。跌市中投资者要运用辩证思维看待股市的涨跌，股市中未来的行情不可能就是当前行情的翻版，根据当前市场运行特征推测未来行情，未免过于单纯。

8. 要顺应趋势。在跌市中不要逆市做多。坚决不买“正在下跌”的股票。学会休息，学会空仓才是高手。

9. 调整仓位的结构。跌市中是调整仓位结构，留强汰弱的有利时机，可以将一些股性不活跃，盘子较大，缺乏题材和想象空间的个股卖出，选择一些未来有可能演化成主流的板块和领头羊的个股，出现“买一招”指令再买进。

10. 等待行情临界点。跌市中，投资者必须通过技术分析和基本分析手段，了解市场的调整力度的轻重和演化规律，等待调整力度即将衰竭到临界点时，再重新介入，短线参与波段行情。

（八）炒股的五大致命错误

1. 炒股第一大忌：最“忌”满时，所谓满时，指的是投资者一年四季，250个交易日，都始终不停地操作。炒股最重要的是研判大势。当大势向好时，要积极做多；大势转弱时，要空仓休息。有的投资者却不是这样做，他们不管股市冷暖，都不停地劳作，像勤劳的蜜蜂一样，为了蝇头小利而忙忙碌碌。他们这样做，不仅会劳而无功，而且还会遭遇到更多的风险。投资者在股市中，要学会审时度势，根据趋势变化，适时休息，这样才能在股市中准确地把握应该参与的机会。会休息，才会赚钱，否则到手的利润也会最终交出去。就算是止损之后也要休息一段时间，因为需要用到止损这一招，就证明自己当时的头脑已乱，这时必须要休息，否则只会越止越损。

2. 炒股第二大忌：最“忌”是满利。满利是指投资者总想“买在最低价和卖在最高价”，一味地追求利润最大化。有的投资者追求暴利，总想把一只股票的所有利润全部拿下，结果是经常来来回回的坐电梯。从2008年10月以来，大盘曾经出现过三次冲击5500点的波段行情，很多投资者却不赢反亏，原因就在于：他们为了想赚取更多的利润而没有及时的获利了结，结果将到手的利润蚀回去。投资者要保持长期稳定获利的根本原则是：不要争取最大化的利润，而要争取最有可能实现的利润。稳步增长，才是赚钱之正道。

3. 炒股的第三大忌：最“忌”是满仓。中国股市的第一代大户中，其中大部分是因为过度满仓（透支）而被打穿的，最终落个被交易所强制平仓出局的下场。炒股和做人一样，凡事要留有回旋余地，方能进退自如。对于散户而言，投入股市的钱，如果都是养家糊口的养命钱，一旦满仓被套，巨大的心理压力下造成的忧虑情绪，必将影响对后市行情的分析判断，最后结果不言而喻。即使行军打仗也要有预备队，股市上也要有后备的资金。其实，满仓做多，就是贪心的一种具体表现。不放过任何机会和利润的操作意图，结果往往是被迫放弃的机会更加多。

4. 炒股第四大忌：最“忌”是自满。有的投资者在刚进入股市的时候，还常常能有所斩获，等到变成老股民以后，因为赚了些钱，学了些指标，读了几本书，就渐渐的盲目自信起来，追涨杀跌，快速进出，结果，反而输多赢少，亏损严重。骄傲自满会阻碍投资者提高操作水平，会使投资者对股市的认识出现偏差。股市的发展是日新月异的，任何人如果骄傲自满，就会停滞不前，最终必将被股市所淘汰。

5. 炒股第五大忌：最“忌”是不知炒股就是炒趋势。不知股市有规律运行，不知道炒股就是炒趋势，不听市场话，不跟市场走。

投资者在入市时，应当对自己的“主观、客观条件”有一个全面的认识：

（1）能够天天按时到证券营业部上班，技术分析能力较强的“全职”股民可以炒短线。

（2）家中或办公室有电脑的上班族可以做中线。

（3）而以储蓄思维投资股市的投资者只能做长线。

找准了适合自己的定位之后，还必须始终坚持：“短线客只做短线，中长线的只做中长线”。

作为两种完全不同的投资方法，短线投资的关键是找准低位切入点，而中长线投资的关键是判断长远趋势，只吃“鱼身”，不必介意短线的一时涨跌强弱。

（九）散户与庄家操作思路的十大区别

庄家除了在资金和信息方面的优势外，我觉得最主要的是庄家的思维方式和操作方式与散户有极大的不同。

1. 庄家用几亿元、十几亿元做一只股票，散户用十万元、几十万元做十几只股票。

2. 庄家做一只股票做一年甚至几年，散户做一只股票做几周甚至几天。

3. 庄家一年做一二只股就大功告成，散户一年做几十只股、上百只股还心有不甘。

4. 庄家喜欢集中资金打歼灭战，做一个成一个；散户喜欢买多只个股作分散投资，有的赚，有的赔，最终没赚多少。

5. 庄家在做一只股票前，对该股的基本面、技术面要作长时间的详细调查、分析，并制订了周密的计划后，才敢慢慢行动；散户看着电脑屏幕，三五分钟即可决定买卖。

6. 庄家特别喜欢一些较冷门的个股，将其由冷炒热赚钱；散户总喜欢一些当前最热门的个股，由热握冷赔钱。

7. 庄家虽然有资金、信息等众多优势，但仍然不敢对技术理论掉以轻心，道琼斯理论、趋势理论、江恩法则等基础理论早已烂熟于胸；散户连K线理论都没能很好掌握，就开始宣扬技术无用论。

8. 庄家总是非常重视散户，经常到散户中去倾听他们的心声，了解他们的动向，做到知己知彼，并谦虚地说：现在的散户越来越聪明了；散户总是对庄家的行动和变化不屑一顾，并说：这个庄真傻，拉这么高看他怎么出货！

9. 庄家做完一只股票后就休假去了，说：忙了这么长时间了，也该让“钱”休息休息了；散户做完一只股票说：又没“赚”多少，还得做，绝不休息。

10. 庄家年复一年地“做一只股”赚钱；散户年复一年地看着“指数涨却赔钱”。

正是由于庄家有着以上与散户截然不同的思维方式和操作方式，最终成为市场的赢家。那么假如我们散户也能谦虚地多向庄家学习，学习他们的思维方式，学习他们的操盘技巧，学习他们的耐心，学习他们的心态，最后以其人之道还治其人之身。不久的将来，我们也会成为市场的大赢家。到那时，庄家也只能感叹：“聪明的散户越来越多了！”

（十）辨假识真

一般投资者，除了学会“适当空仓”外，辨“假”也是一般投资者必须做到的。每年“3·15”是全国打假日，说到假，是人人恨个个怨（除造假者除外），造假者能把大到万能的人民币，小到针头线脑，吃的用的样样都能造假，可见危害性太大。股市中有没有假？股市要不要打假？要打假，管理层已经在打假，前一段时期的政策导向就是对“假”进行清查。

中小投资者只要认真地把当前的“政策导向”及个股“各种周期”的走势图仔细研究一下，就能避免碰到假消息；对于我们中小投资者来说，“打假”是管理层的事，“识假”就是我们自己的事。

什么股是真涨，什么股是假涨，恐怕很多投资人都未弄明白，就对股市进行投资，进行炒作，加上心态差，又抱着“投机”而不是“投资”的目的，再加上求财心切和贪心结果往往是输多赢少。

中国的股市历来是众说纷纭，各抒己见，再“高”点位有人买，再“低”点位有人卖，每一只个股就好比一部电视剧：相对低位买票进场，投资人看的是“喜剧”，因股价震荡一路向上；相对高位买票进场，投资人看的是“悲剧”，因股价震荡一路向下。什么叫高、什么叫低，均只相对而言，到了一定的“高位或低位”物极必反时，剧情会发生突变，将由原来的“喜剧转变为悲剧”，或由原来的“悲剧又转变为喜剧”。这样的剧情，我们也看过多次，大家都深有体会。有的股民是靠消息来决定自己投资某只股票，结果又是上当的多，讨巧的少；有的股民是分析个股的基本面，什么业绩多少多少，未分配利润多少多少，买入后结果仍是赔多赚少。有的投资者整天泡在技术分析里，天天在电脑里找金矿。几十种技术指标，这个指标买进，另一个指标又叫卖出，结果还是赔了时间又赔钱，或给券商打工。

我们经过多年的研究后认为：个人的想法、机构的想法、主力的想法，包括管理层的想法，很多次都是事与愿违，很多股评人士都说今年股指能涨到多少多少，我认为这些都是预测，预测与实际是有一定距离的。如果投资人能“看懂K线图”，了解并掌握股市自身的“运行规律”，识破庄家的种种骗人手法，不听股评人的那一套，自己给自己拿主意，错了也不要抱怨，只怨自己没有本事，学费没交够，吸取经验教训，重头再来，将来就必成赢家。

也就是说，炒股一定要“审时度势”，识大局、抓个股、抓真货，弃假庄。

什么叫审时度势？我认为：中国股市经过十几年的发展，从几十家上市公司发展到现在的一千多家上市公司，股市也经历了数次的大起大落，中小投资者要选中几只真正有潜力、有投资价值的个股，的确不太容易。投资人要有勤奋好学、刻苦钻研的精神，吸取别人的长处，掌握了解股市自身的“运行规律”，再配合当前的国内、国外有关政治、经济等宏观面的变化，及当时的“政策”导向，选几只“规律已形成上升通道”的个股来投资，这样投资人的成功率是极大的。

（十一）炒股炒的就是“涨”字

股票市场，是投资人众说纷纭、各抒已见、仁者见仁、智者见智的场所。无大小之分，无男女之分，无机构、散户之分，无上级与下级之分，人人平等。按理，股市是最公平的，可是，每个人的炒股业绩为何又是千差万别？

有人说炒股是炒业绩；有人说是炒未来；有人说是炒重组；有人说是炒成长；有人说是炒心态；有人说是炒题材；炒外资并购概念……。

正确的说法应该是：炒股应该是炒“涨”字，炒“上升趋势”已形成的个股。一般的投资者只能做“上升趋势”已形成的个股。下面以“600444 国通管业”为例，见图十二。

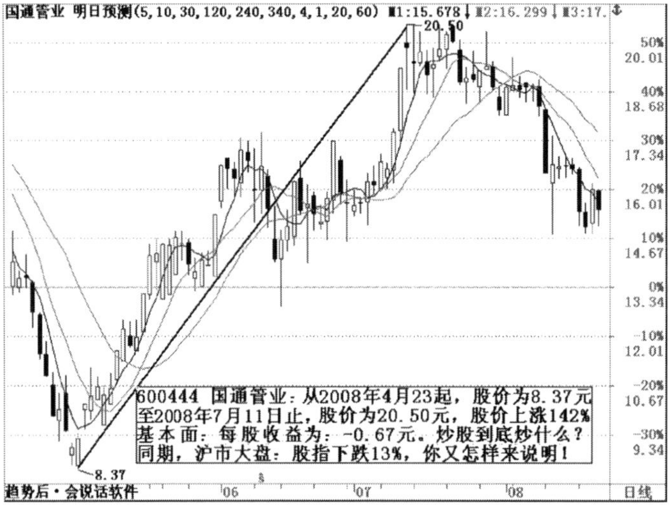

图十二

图十二说明：600444 国通管业：从 2008 年 4 月 23 起，股价从 8.37 元涨至 2008 年 7 月 11 日，股价为 20.50 元，股价上涨 142%。基本面：每股收益为：-0.67元。炒股到底炒什么？

（十二）道氏理论

“查尔斯·道”生于 1851 年，在进入新闻界之前，至少干过 20 份工作，显然他没受过什么正统的学校教育。道和爱德华·琼斯合伙在 1882 年成立了“道·琼斯公司”，该公司主要业务是传播消息和分析资本市场新闻。此后，“道”干了两件大事，使其成为“技术分析”的开山鼻祖。

一是“道”于 1884 年 7 月 30 日首创股票市场平均价格指数，到了 1897 年原始的股票指数才衍生为道·琼斯工业指数和道·琼斯铁路指数，“道”指至今仍是测试股市走势的最权威数据。

二是他创立了“道氏理论”。1885 年“道 · 琼斯公司”把其原先办的《午间新闻通讯》改名为《华尔街日报》，此报被后人誉为“富人的圣经”。“道”在任《华尔街日报》总编的 13 年间，发表了一系列社论，表达了他对股市行为的研究心得。直到 1903 年，也就是他逝世一年后，这些文章才被收编到纳尔逊所著的《股市投机常识》一书中，正是在此书中首次使用了“道氏理论”的提法。

“道氏理论”的基本原则是：

1. 平均价格包容消化了一切因素。

2. 股市具有三类趋势——主要趋势、次要趋势和短期趋势。道氏依次用大海的潮汐、浪涛和波纹来比喻这三种趋势。

3. 各种平均价格必须相互验证。

4. 成交量必须验证趋势。

5. 唯有发生了确凿无疑的反转信号之后，我们才能判断一个既定的趋势已经终结。

小结：形态论，也叫“道氏理论”。很多人会发现自己的一个很重要的问题，就是突破后不敢买进，或者卖出。为什么？因为形态形成后，一定已经有所涨幅或跌幅。心理因素阻碍了继续按照理论行动！那么，为什么不提前一些呢？还有一个原因就是，市场弱的时候，多头突破后往往会不再继续前进！

（十三）江恩理论

江恩是最具神奇色彩的“技术分析”大师，他也是极为虔诚的基督教徒，宣称在圣经中发现了市场的循环周期。江恩认为，上帝创造世界是以 7 天完成的，因此“7”代表完全之意。圣经上说，从亚伯拉罕到基督耶稣经历了 3 个 14 代，又是 7 的倍数。所以江恩特别看重“7”在周期循环中的作用。玄妙的是，江恩生于 1878 年 6 月，死于 1955 年 6 月，恰好活了 77 年。

“江恩”运用天文学、数学、几何学等方面的知识创立了独特的技术分析理论。其中包括波动法则、周期理论、江恩角度线、江恩四方形、江恩六角形等等。江恩坚信股市期市存在着宇宙中的自然法则。股价运动方式不是杂乱无章的，而是可以“预测”的。每一种股票都拥有一个独特的波动率，它主宰着市场价位的升跌。他还认为，时间是决定“市场”走势的最重要因素，历史确实重复发生，你了解过去，便可以预测将来。正如圣经所说：“阳光之下没有新的东西”。江恩对技术理论的主要贡献是：对时间循环周期做了深入的研究，揭示了股市是按照某种数学比例关系与时间循环周期运作的，并阐明了价格与时间之间的关系，还把测市系统与操作系统区别对待。在江恩理论中，“时间周期”是第一位的，其次是比例关系，再次才是形态。

小结：最难的，是江恩理论。理论本身很难，不好懂。何况时间周期真很有用吗？时间窗口、共振等等，真的会发生吗？以前看报纸时，几乎每周都会有几天成为很重要的时间窗口，但是事实呢？很少，很少。

（十四）波浪理论

“艾略特”是大器晚成者。他原来是位会计师，曾供职于餐馆和铁路公司。奇怪的是，他没有在基本分析领域建功立业，却成了技术分析的大宗师。1927年，艾略特50多岁时退休回家养病。此间或许目睹了美国股市1929年前后的大多头与大崩盘，他选择了华尔街股市75年的资料作为研究对象。幸运垂青不懈追求的人们，艾略特在1934年终于提炼出一套完整的股市波动结构。在著名的投资顾问公司总裁柯林斯支持下，艾略特在1938年出版了《波浪理论》一书。1946年，也就是在其逝世两年前，他完成了关于波浪理论的集大成之作——《自然法则：宇宙的秘密》。

波浪理论集哲学、数字学、神秘学于一身，揭示了股价波动的自然法则。艾略特指出：“我们的社会—经济进程全部发展的结果遵循一条规律，这“规律”就是使它们在相似和不断再现的波浪系列或确定的数字及图形下重复自己”。他认为股市遵循着一种周而复始的节律，完整的牛市周期由8浪构成，先是5浪上升，随之有3浪下跌。波浪理论的数字基础为费波纳奇数列，即1，1，2，3，5，8，13，等等，以至无穷。波浪理论具有三个重要方面——形态、比例和时间，其重要性依上述次序排列。在江恩理论中，这三个方面重要性次序恰好与波浪理论的相反。

艾略特认为：“波浪理论”是“对道氏理论极为必要的补充”。约翰·墨菲指出：“艾略特”的大部分理论与道氏理论以及传统的图表技术天造地设般地吻合。然而，艾略特波浪理论又向前迈了一步，对市场运作具备了全方位的透视能力。

“道氏理论”的反转信号必须等到“新趋势”确认之后才发出，“波浪理论”对即将出现的“顶部与底部”却能提前发出警告。

所以说，“波浪理论”很可能是最包容并蓄的技术方法，不仅具有预测功能，而且具有解释功能。因此有人将其称作“将技术分析的精髓发挥到淋漓尽致的颠峰之作”。

小结：“波浪理论”看起来很完美，用起来很困难，难就难在如何区分或界定不同级别的浪。另外，辅助技术指标存在着“失灵钝化”的现象，波浪也会出现“延伸再延伸”的情况。

所以有人戏言道：洪湖水，浪打浪，浪是越数越多，可数浪人“口袋里的钱”是越数越少。何人搞得清是何浪。为了数清中国股市的浪型结构，深圳新兰德公司曾花几万元钱买了一套美国顶级技术软件，此软件具有自动数波计浪的功能，用了一段时间之后，大家觉得电脑给出的数浪结构更是“一头雾水”。

因为无法把握它的起点，这是很关键的。还有就是大循环和小循环，怎么判断？有时间周期吗？不知道，也无法把握。

而对于一些理念，确实需要有一定的悟性才能有所体会，这不妨碍操作，多学多看，这对我们是有好处的。

小结：您对波浪理论、江恩理论、形态论等可能都深刻了解，但是当许许多多股票跳跃在你眼前时，或者说遇到难以琢磨的期货商品的行情时。你会发现这些理念或许用不上，或许不好用。而对于一些理论，确实需要有“一定的悟性”才能有所体会，这不妨碍操作，多学多看，这对我们是有好处的。

（十五）炒股操作方法

1. 用“黄金分割”线，以 0. 392、0. 5、0. 618 等，分析大盘或个股的支撑压力点位。

优缺点：有时较准，有时不准。

2. 用“上涨五浪、下跌三浪”，以数浪为分析大盘或个股的买点、卖点。

优缺点：有时符合，多数不符。

3. 用“神奇数字”分析大盘或个股时间周期，何时为顶，何时为底。

优缺点：走过来看都对，对未来却不管用。

4. 用“易经、八卦”立春、立冬来分析大盘或个股的转折点位。

优缺点：时有巧合，多数会错。

5. 用“技术指标”的金叉、死叉分析大盘或个股作为买卖点。

优缺点：一般情况正确，有骗线需纠正。

6. 用“技术指标”的上轨、下轨预测大盘或个股顶底。

优缺点：正常轨道可信，超买、超卖无法定位。

7. 用“对称周期”分析大盘或个股的转折点位。

优缺点：走过来正确的多，测未来则猜猜猜！

8. 单用“K 线组合”来分析大盘或个股的走势。

优缺点：错的多，对的少。

9. 单用“均线系统”分析大盘或个股的走势。

优缺点：正确执行能获利，要日、周、月配合使用。

10. 单用“成交量”分析大盘或个股的上涨或下跌。

优缺点：时对时错，难以把握。

11. 用“四点一线”法找大盘或个股的最佳买点。

优缺点：找到者涨也，找不到不进场。

12. 用“二点一线”法，找大盘或个股的最佳买点（配合高档软件）。

优缺点：按“市场指令”进场、出场，绝不能“对抗或违背”。

（十六）价格“跳空缺口”

价格跳空缺口：价格跳空是指在 K 线图上没有发生交易的区域。比如说，在上升趋势中，某天最低价高于前一日的最高价，从而 K 线图上留下一段当时价格不能覆盖的缺口。在下降趋势中，对应情况是当日的最高价格低于前一日的最低价。向上“跳空”表明市场坚挺，向下“跳空”则通常是市场疲软的标志。跳空现象在长期性质的周线图上也可能出现，而且一旦发生了，就非同小可。不过它在“日线图”上更常见。

“跳空”的分类。跳空具有四种分类：普通跳空，突破跳空，中继跳空（或测量跳空），以及衰竭跳空。

1. 普通跳空。在四种类型中预测性价格最低，通常发生在交易量极小的市场情况下，或者是在横向延伸的交易区的中间阶段。其主要原因是市场参与者毫无兴趣，市场清淡，相对较小的交易指令便足以导致价格跳空。大多数图表分析师把普通跳空忽略不计。

2. 突破跳空。通常发生在“重要的价格运动完成”之后，或者新的重要运动发生之初。在市场完成了主要的底部反转形态，比如头肩形底之后，对颈线的突破经常就是以突破跳空的形式进行的。

突破跳空通常是在高额交易中形成的。突破跳空更经常地是不被填回。价格或许回到跳空的上边缘（在向上突破的情况下），或者部分地填回到跳空中。但通常其中总有一部分保留如初，不能被填满。一般来说，在这种跳空出现后，交易量越大，那么它被填回的可能性就越小。事实上，如果该跳空被完全填回，价格重新回到了跳空的下方的话，那么这其实倒可能是个信号，说明原先的突破并不成立。向上跳空在之后的市场调整中通常起着支撑作用。而向下跳空在之后的市场反弹中将成为阻挡区域。

3. 中继跳空。当新的市场运动发生，发展过一段之后，大约在整个运动的中间阶段，价格将再度跳跃前进，形成一个跳空或一系列跳空，称为中继跳空。此类跳空反映出市场正以中等的交易量顺利地发展。在上升趋势中，它的出现表明市场坚挺；而在下降趋势中，则显示市场疲软。正如突破跳空的情况一样，在上升趋势中，中继跳空在此后的市场调整中将构成支撑区，它们通常也不会被填回，而一旦价格重新回到中继跳空之下，那就是对上升趋势的不利信号。此类跳空又称测量跳空，因为它通常出现在整个趋势中点，所以可以从本趋势的信号发出之处或突破处，顺着趋势方向翻一番，从而估计出该趋势今后的发展。

4. 衰竭跳空。这一类跳空出现在接近市场运动的尾声处。在价格已经抵达了所有目标，并且上面介绍的两种跳空（突破跳空和中继跳空）均已清晰可辨后，分析者便开始预期衰竭跳空的降临。在上升趋势的最后阶段，价格在奄奄一息中回光返照，跳上一截。然而，最后的挣扎好景不长，在随后的几天乃至一个星期里“价格”马上开始下滑。当收市价格低于这种最后的跳空后，表明衰竭跳空已经形成。上述情况非常典型，说明在“上升趋势”中，如果跳空被填回，则通常具有“疲弱”的意味。

缺口现象在K线图形里并不罕见，究竟如何辨别种类？大致可以按各类缺口的特征去判断：

1. 普通缺口与衰竭缺口都会在“几天之内”被封闭，按缺口所在位置极易分辨此两种缺口。

2. 普通缺口与突破缺口发生时都有区域密集的价格形态陪衬，前者在形态内发生，没有脱离形态，后者则在股价变动要超越形态时发生。逃逸缺口没有密集形态伴随，而是在股价急速变动的行情中途出现。

3. 突破缺口表明一种股价移动的开始，逃逸缺口是快速移动或近于中点的讯号，衰竭缺口则表示已至终点。前面两种缺口依据它们出现的及时性成为股民朋友买卖操作需要关注的关键点。

（十七）中国股市20年历史：六次大的牛熊转换规律

2008年10月27日，随着上证综指大跌116点，创出本轮调整新低，中国股市从历史最高点6124.04点，跌至今日盘中最低点1664.93点，累计跌幅已达到惊人的73%，所有的投资者都在问，A股还要跌到何时，到底底在哪里？

我们统计了中国股市近20年的“六次大牛熊转换的区间涨跌幅”，希望能对当前市场及后市提供参考作用。

纵观整个上证综指从1990开始的近20年发展历程，根据我们的划分，中国股市的成长历程可以初步分为以下“六个大的牛熊”波段：

1. 牛熊波段一：100点—1429点—386点（1990年12月19日至1992年11月17日）。

1990年12月19日，上海证券交易所正式开业，挂牌股票仅有8只，人称老八股。当时交易制度实施1%涨跌停板（后改为0.5%）限制，也是从这个时候起，股指从96.05点开始，历时2年半的持续上扬，终于在取消涨跌停板的刺激下，一举达到1429点的高位。但冲动过后，市场开始价值回归，不成熟的股市波动极大，仅仅半年时间，股指就从1429点下跌到386点，跌幅高达73%，投资者第一次接受了真切实在的风险教育。

2. 牛熊波段二：386点—1558点—325点（1992年11月17日至1994年7月29日）。

快速下跌之后，A股神奇地迎来了快速回升，投资者从紧皱眉头到再度喜上眉梢，仅仅用了三个月的时间，从1992年11月17日的386点开始，到1993年2月16日的1558点，大盘涨幅高达303%，将跌幅悉数收回。这段神奇的上涨，一直为投资者所津津乐道。但在快速牛市瞬间完成后，股市的大扩容也开始了，伴随着新股的不断发行，上证指数也逐步走低，在失守777点这个关键点位后，大盘再度一蹶不振持续探底。到1994年7月29日，股指回到325点，累计跌幅达到79.13%，重新回到起点，这次牛熊转换带来的成果是上市公司数量急速地膨胀。

3. 牛熊波段三：325点—1052点—512点（1994年7月29日至1996年1月19日）。

随着股指的垂直坠落，市场投资者的信心也跌至谷底，关键时刻，再度举起政策大旗，为了挽救市场，相关部门出台三大利好救市，股市再度亢奋，1个半月时间，股指涨幅200%，最高达1052点。但是随着股价的炒高，市场的风险也随之加大，投资者也纷纷出售自己手中的股票，在1995年5月17日，股指已经回到577点，跌幅接近50%。但1995年5月18日，股市受到管理层关闭国债期货消息的影响，开始全面暴涨，短短3天时间股指就从582点上涨到926点。但政策救市往往是短暂的昙花一现，短暂的暴涨过后，股市重新下跌。从1995年8月至1996年1月19日，股指达到阶段低点512点，跌幅达到51.33%，绩优股股价普遍超跌。

4. 牛熊波段四：512 点—1510 点—1047 点（1996 年 1 月 19 日至 1999 年 5 月 18 日）。

绩优股股价的超跌引发市场的见底信号，同时崇尚绩优开始成为市场主流投资理念，“深发展”、“四川长虹”、“深科技”、“湖北兴化”等龙头股均为业绩极佳的绩优成长股，在这些股票的带领下，从 1996 年 4 月 1 日到 12 月 12 日，上证综指上涨了 124%，深成指上涨了 346%，涨幅达 5 倍以上的股票超过百只。随着市场风险的积聚，管理层开始再度出手，从 10 月起，一道道“金牌”发出，直到 1996 年 12 月 16 日《人民日报》刊登了特约评论员的文章《正确认识当前股票市场》。随后股市出现连续短线急跌，但是急跌后股指仍继续上冲直至 1510 点。直到绩优股得到了充分炒作之后，股指才开始扭头向下，到 1999 年 5 月 18 日，股指已经跌至 1047 点，投资者经历了两年的漫长熊市，累计跌幅达到 30.84%。

5. 大牛熊波段五：1047 点—1756 点—1361 点—2245 点—998 点（1999 年 5 月 18 日至 2005 年 6 月 6 日）。

随着 A 股迎来具有纪念意义的“5.19”行情，市场的牛蹄再度飞扬，在 1999 年 5 月 18 日至 6 月底的短短一个半月时间，沪指上涨将近 70%，1999 年 6 月 30 日上证指数上攻至1756点。突破此前高点 1588 点。但随后股市大幅回调。2000 年 1 月 4 日，上证指数跌至 1361 点。随后受到外围股市大幅攀升的刺激，中国股市最后奋力一搏，终于冲上了指数的“至高点”2245 点，伴随这一轮波澜壮阔的大牛市，证券投资基金也出现了历史上罕见的大发展。但“5.19”行情过后，市场开始关注股权分置问题。投资者普遍认为这是利空因素，解决股权分置也成为股市下跌的理由，股指也从 2245 点一路下跌到 998 点。累计跌幅达到 55%，经过这轮历史上最长时间的大调整，A 股市场再度重回起点。

6. 大牛熊波段六：998 点—6124 点—1664 点（2005 年 6 月 6 日—2008 年 10 月 28 日）。

998 点以后，牛市重新归来，推动市场上涨的核心因素主要在于：股权分置改革、人民币升值、资产价值重估及上市公司业绩快速增长。此轮牛市从 998 点到 6124 点，几乎没有大的调整，期间加息和上调存款准备金率一直伴随着股市的上涨。即使“5.30”上调印花税，那也只是此轮牛市上升途中的一个驿站。但是没有只涨不跌的股市，当一切正悄然发生变化时，那些对此轮牛市起到关键作用的因素却成为快速下跌的隐患。股改初步完成的同时，大小非解禁的高潮却不断临近，恐怖的解禁压力，和大小非极低的成本成为股市下跌的一大原因。人民币升值的同时，热钱不断涌入，加上股市快速上涨的泡沫，通胀形势越发严峻，央行不得不采取从紧的货币政策，加速了股市的下跌。原材料价格的上涨，出口政策的变化，投资收益的大幅缩水，企业业绩高增长的预期成为泡影，中国股市迎来短时间的快速下跌，到 2008 年 10 月 28 日，上证指数从 6124 点，跌到1664 点，已暴跌了 73%。

回首中国股市 20 年的涨跌起伏，既有令人“疯狂”的快速大涨，也有令人“绝望”的直线下跌。综合来看，沪综指在前五次熊市的平均跌幅为 57.86%，从这个角度来看，当前沪指的跌幅已经超过平均跌幅，或许将迎来一轮反弹。2008 年 10 月 28 日，反弹已开始了。

同时从牛熊转换的过程来看，中国股市在牛熊之间近乎没有调整，总是在大涨大跌之间完成牛熊转换，这成为 A 股的一个有别于其他市场的明显特征。但是通过比较可以发现，在急跌的熊市当中，中国 A 股从未经历过本轮调整中长达十二个月的急速下跌，在市场估值逐步趋于合理的情况下，市场或将迎来阶段性底部。

此外，一个有趣的现象在于，当股指跌至上一轮牛市的高点附近后，必将迎来一轮反弹，从 325 点到 1047 点到 1361 点到 998 点，无不印证着这一规律。从这个角度来看，很多研究者都认为 2245 点将成为市场的强力支撑点，而今日的低点 1664 点来看，已经打破了这一规律。

2008 年 9 月 19 日，管理层又一次政策救市，这一次政策救市，能否达到管难理层的预期目的，只能用事实说话。

（十八）近 20 年“中国证券市场七大阶段”总结

风风雨雨 20 载，中国股市一直在改革中经受洗礼，在发展中得到锤炼！

从争议中艰难诞生，从小到大、从弱到强。虽然它还不成熟，但正在向成熟过渡，与宏观经济的联系也越来越紧密！

资本市场发展到今天是绝对不容易的，因为资本市场的改革对中国是太重要了。中国的改革实际上就是一个资本市场的改革，这是最重要的改革。

1. 艰难起步　对股市“要坚决地试”

1986 年 10 月 14 日，纽约证券交易所董事长约翰·范尔森来访，邓小平赠其一张面值 50 元的上海飞乐音响股份有限公司的股票。这是我国最高领导人“第一次”向世界发出明确信号：中国发展股份经济了。

中国的经济改革以企业改革先行。当为数不少的公司进行改革，实行股份制后，很快便有了各种各样的股票。这时麻烦出现了：到哪里进行公开竞价交易？要不要设立证券交易所？这些“资本主义”的东西能不能在我国实行？

“1990 年 11 月，时任总书记的江泽民同志在去深圳特区的飞机上与有关人员谈了两个多小时，最后说，股票市场还是要保留下去。”后来成为证监会第一任主席的刘鸿儒回忆说：“自 1990 年 5 月以后，股票买卖就突然火爆起来。但伴随的争论也非常尖锐，包括对股票制的看法、对股票市场的看法。”实际上，这个问题就是要不要接受新的变化，走向一条新的道路的问题。

这种火爆是任何人都无法熟视无睹的。从 1990 年 5 月 25 日到 6 月 27 日，深市“老五股”涨疯了深发展股价涨了 100%，万科涨了 380%，原野涨了 210%，金田涨了 210%，安达涨了 380%。想想看，面值只有一元钱的股票，不到一个月就可以变成 100 元或者最高时的 380 元！

“有件事让我很难忘。”后来成为深交所第一任负责人的王健回忆说，当年他被西方一位记者问得哑口无言。这位记者问：“你们有公司法吗？有证券法吗？有会计法吗？有证券商吗？什么都没有。无法过户、无法交割，发的股票不就是“一张废纸”吗？”

“当时就说一定要把‘法’建立起来，把交易所建立起来，把各种规章制度建立起来，否则股票像魔鬼。”王健回忆。

在激烈的争论和法制的欠缺下，政府不得不有所行动。在江泽民总书记表示“证券市场要保留”之后，终于有了实质性的进展。1990 年 12 月 1 日，深圳证券交易所开业，为保险起见，称之为“试营业”。直到 1991 年 7 月 3 日，才举行正式开业典礼。1990 年 12 月 19 日，上海证券交易所高调挂牌。

至此，可以说中国的证券市场实际上已经诞生。但争论仍在继续，而且非常激烈，并引起了“中央高层”的关注。

1992 年春天，邓小平在南巡讲话中明确指出：“证券、股市这些东西究竟好不好，有没有危险，是不是资本主义独有的东西，社会主义能不能用？允许看，但要坚决地试。看对了，搞一两年。对了，放开；错了，纠正，关了就是了。关了，也可以快关，也可以慢关，也以可以留一点尾巴。怕什么，坚持这种态度，就不要紧，就不会犯错误。”

这种表态将所有争论都放在了一边，这在当时需要何等的胆识与魄力！

2. “坚决地试！”　一锤定音

发生在 1992 年的“8 · 10”风波，演绎了股市的疯狂。

1992 年 8 月 7 日下午，一则由中国人民银行深圳分行、深圳市工商局、公安局、监察局联合发布的公告——《1992 年新股认购抽签发售公告》，发布在深市的各种传媒上。据规定，深市将向社会公众发行面值5亿元的新股票，采用认购抽签表的方式认购。8月9日至10日两天，集中发售新股认购抽签表500万张，中签率为10%，每张表100元，每人可持10张身份证购10张抽签表。中签者可买1 000股新上市的股票。

消息公开后的当天下午便有人开始排队。8月8日，人与物的“长龙”便将深圳街道分割成破布一样的碎片，许多人倾家出动，带着凳子、床、席子、自行车、纸箱、报纸、砖头，排在前不见头后不见尾的长龙之中。顾不得体面，忘记了性别、年龄，人挤人、人挨人排起了队买抽签表。

一边是抽签表“售罄”的通知，一边是黄牛的高价倒卖。终于在8月10日，顾不得吃喝，排了几天还没有购买到抽签表的人愤怒了。于是，涌向深圳市政府门前，示威、游行，并与治安人员发生冲突，焚毁了公安人员的值勤巡逻车。

这场风波令所有的人都惊呆了。成立全国性的证券监管机构已显得非常紧迫。

1992年10月26日，“由五部委组成的国务院证券委员会正式成立，朱镕基为第一任主任。我们从财政部借了200万元，租了一间办公室，成立了证券委。”刘鸿儒回忆说，就在这天，证监会也宣告成立。他被朱镕基“钦点”为证监会第一任主席。

差不多同时，在上海也是“人人说股成风”……

刚刚打开股票市场的笼子，就发生了这么多的疯狂行为，没有任何约束的疯涨，将会产生严重的后果。此后连续数月的下跌就是例证。制度的缺陷成为最为紧迫的事。

当时刘鸿儒的一句名言被广为流传：股票市场价格猛涨，上边有意见；股价猛跌，下边有意见；不涨不跌，所有人都有意见。

面对这种疯狂，监管机构坐不住了，立规矩定方圆成为最重要的工作。为此，成立伊始的证监会即开始了紧张的立法工作。

1993年，证券市场最重要的法规出台——《股票发行与交易管理暂行条例》。这部法规为日后证券法的出台奠定了基础。同年12月29日，与证券市场相关的另一部重要法律——《中华人民共和国公司法》颁布。与此同时，证监会立即开始着手证券法的立法工作。1998年12月29日，历时六载、五度审议、十余次易稿的证券法得以颁布。并于1999年7月1日始开始实施。

作为第一任证监会主席，刘鸿儒堪称“开山辟路”者。从1992年12月26日至1995年3月，历时两年五个月，在其任期内，既发生了震惊中外的深市“8·10”风波，也发生了宝安收购延中股票——证券市场上收购第一案。同时发布了证券市场上最初的一系列法规、规章及规范性文件，身高 1.65 米的刘鸿儒笑谈，“这些法规规则摞起来比我人还高”。

3. “3·27”国债风波　“促使市场自律规范”

1995 年 3 月，证监会第二任主席周道炯走马上任了。他是来“救火”的，这把“大火”由“3·27”国债期货风波而起。

我国在最初发行国债的时候，是靠着推销甚至摊派完成的。后来有了国债期货，可以套期保值、规避风险了，国家向老百姓“借钱”就容易得多了。

到 1995 年，经过 5 年的发展，国债期货市场已经有了重大的进展。但谁也没有想到，正是这一年，发生了令“管理层”始料不及的一场大风波。

这时证券市场中的券商，在上海是申银、海通和万国三家的天下。万国证券得风气之先，凭借其股份制组织形式，靠 3 500 万元起家，业绩骄人：1990 年交易量 19.7 亿元，1991 年交易量是 46.1 亿元，1992 年就达到了 89.9 亿元，全年利润高达 7 000 万元。在当时拥有 270 多家会员的上海证券交易所中，万国独占 16.7% 的交易量，无疑是沪市的大哥大。在 1993 年首批证券商业信用评比中，万国获得了国内唯一最高级别的 AAA 信用等级。

当时万国有句广告词：“万国证券证券王国”。

240 亿元、代码为 327 国债，应该是在 1995 年 6 月到期。它的票面利息是 9.5%，与当时同期银行储蓄存款 12.24% 利息相比，显然回报率是比较低的。当时，市场上已有传言说财政部将要提高 327 国债的利率，但管金生不这样看，他认为财政部不会再往外掏出 16 亿元来补贴 327 国债。于是他率领万国做空。

3 月 23 日，财政部的消息得以证实：管金生踏空了。当日多方大量进攻，交易价格从不到 148.21 元不断上涨，越过 148.50 元，穿过 151 元，最后又涨到 151.30 元。而 327 国债价格每上涨 1 元，万国就要赔十几亿元。

管金生再也坐不住了，他必须大量抛出空单，将价格往下压。在上交所最后关门的几分钟内，他一口气就砸出了 1 056 万口（一口为 2 万元面值的国债）的空单。这么大的空单，光保证金就得 52.8 亿元，管金生哪里有那么多保证金！但他顾不得这些了。

当时上交所的总经理尉文渊还在国外考察，得知消息后立即回到上海。但事情的严重程度远远超出了他的预料。面对这么大的空单，若不加阻止，后果将不堪设想。最后上交所不得不撤销管金生的最后几笔交易。

如果要按万国最后砸出的价格，万国赚 42 亿元，最后结果是按 151.30 元结算，管金生赔了整整 16 亿元。

此事引起了高层的关注。证监会立即连发三个通知，加强国债期货交易的风险控制，落实国债期货交易保证金制度，要求各国债期货相关交易所进一步加强风险管理。

5月19日，国债期货被叫停，管金生被捕。1996年7月16日，申银、万国两证券公司合并。

有关方面最后的定性是：此事件是在国债期货市场发展过快、交易所监管不严和风险控制滞后的情况下，由少数交易大户蓄意违规、操纵市场、扭曲价格、严重扰乱市场秩序所引起的国债期货风波。

1995年底，国务院领导来到上交所，给出八字题词：法制、监管、自律、规范。

此后，全国范围内进行了期货业的整顿。监管层也将期货业的立法提上日程。直到1999年6月2日，国务院发布了《期货交易管理暂行条例》，期货业“第一部”法规产生。

8年之后，《期货交易管理条例》取代暂行条例，期货业立法又向前迈出一大步。管理条例的实施，为期货业大法“期货法”的出台奠定了基础。

4. 开启证券“监管”新时代

2001年初，原香港证监会副主席兼营运总裁史美伦，担任中国证监会副主席。这位曾以铁腕监管著称的“铁娘子”，在中国内地也施展了其一以贯之的霹雳行动。

2001年的证券市场，已和当初成立时的“襁褓”中的股市不可同日而语。

大的方面讲，此时的股市在经过“坚决地试”到海归专才高西庆2000年给国家领导人讲《证券市场基本知识》，证券市场的发展已引起了全社会的关注。证券市场在经济生活中的作用已经开始显现，高层对股市的“评价视角”也已发生了根本性的变化。

法制方面，证券市场最为重要的法律：《证券法》已经实施。

就“市场”而言，证券市场已历经多次大涨大跌。2000年春节过后的大涨，上证综指摸高2000点之后，股市赚钱效益显现。加之1999年为“救市”之年，监管层一反过去的禁止做法，“允许国有企业、国有资产控股企业和上市公司进入二级市场”，股市在股指高歌猛进当中，累积了大量的风险。

这个风险终于在2000年年底因为一篇《基金黑幕：关于基金行为的研究报告》而引发。报告质疑“基金稳定市场作用”、质疑基金“对倒”，制造虚假成交量；质疑基金“倒仓”，有意操纵市场；质疑基金的“独立性”；质疑基金玩弄净值游戏；质疑基金“投资组合公告”的信息。

这么多的质疑，将基金种种不为人知的黑幕大白于天下，基金信任危机“导致”股市开始大跌。这也是1997年底证券投资基金暂行管理办法实施以来，首次引发的地震。这时的基金还只是处于“养在深闺人未识”之时，基民为数不多。

对基金业的质疑，这还只是一个研究报告。时隔7年之后，证监会终于抓了一个现形，上投摩根基金公司的唐建，在担任阿尔法基金经理助理及上投摩根研究员时，利用职务便利，采用先进先出手法搞老鼠仓，非法获利150多万元，受到证监会的行政处罚。

公众终于看清了基金经理是如何非法获利的。而这时候的基金规模已超过3万亿元，基金成为老百姓一种普遍的投资品种，因此唐建的行为引发了一场大地震，唐建也成了一个广受关注的“名人”。因他而引起的法学界对于基金经理失信时，如何追究民事责任以及刑事责任的探讨旷日持久……

在当年，也许是“铁娘子”反复声称的“执法、执法再执法”，也许是股市实在隐藏了太多的污秽，2001年，许许多多的不法者被揪了出来。

2001年2月26日，恰好史美伦上任时期，中国证监会发布《关于规范证券投资基金运作中证券交易行为的通知》，由此掀开了打击证券市场违规的序幕。

这年4月，“亿安科技”股票操纵案被查处，证监会开出了史上最大罚单：没收违法所得4.49亿元并处等量罚款。幕后黑手广东4家投资顾问公司联合操纵“亿安科技”股票价格的违法行为被曝光。

“中科创业”和“亿安科技”一样，也因黑庄作恶而被揭露。除此之外，昔日的股市黑马“郑百文”、“麦科特”、“银广夏”、“东方电子”、“蓝田股份”，这些曾经名噪一时的大牛股，报表中的各项利润原来都是向投资者“画”的饼。

如此众多的上市公司造假，最高法院关于虚假陈述民事诉讼司法解释的出台被提上日程。被其蒙骗的投资者一定要让造假者付出巨额赔偿的代价。全国各地投资者的维权活动此起彼伏，轰轰烈烈。

也是这一年，“猴王”、“三九”，大股东掏空上市公司的恶行被揭露，投资者第一次见识了什么是将上市公司当成提款机。

随着此后越来越多上市公司发生大股东占资问题被查，不仅监管层开始了持续几年的处罚，下最后通碟，沪、深两交易所在各自网站开设专栏，公告上市公司被欠数额、归还情况，同时有关方面还积极推动修订刑法，最终刑法修正案（六）增加专门罪名，对掏空上市公司者追究刑事责任。

2001年2月22日，证监会一纸《亏损上市公司暂停上市和终止上市实施办法》的发布，使得上市公司中的“烂苹果”被扔了出来，呼吁许久的退市机制最终得以建立。特别处理“ST”之后又给的宽限“PT”，彻底退出历史舞台。4月23日，“PT水仙”成为第一个被停牌的上市公司。

3月份，股票发行核准制正式实施，证券监管向市场化方向迈出一大步。不仅如此，由于“铁娘子”的大力推动，在组织结构上，中国证监会在内部设了稽查二局，从公安部调集精兵强将，专司股市违法乱纪之事；推行了保荐人制度；着手进行发审委改革；建立上市公司独立董事制度。

这些举措短短时间内密集出台，被称之为“开始了证券监管的新时代”。因此，2001年不仅是抓老鼠最多的一年，被称之为“股市监管年”。

但2001年应该被记住的还有另一个原因，它将“股市藏不住掖不下的与生俱来的‘原罪’，彻底地暴露在光天化日之下”，被称之为“原罪”的正是股权分置。

6月14日，原来不流通的国有股，要在二级市场减持，由此引发了沪、深两市的狂跌。

10月22日，股市的神经越绷越紧，下午3时，时任中国证监会主席的周小川，直奔国务院。晚7时回府。晚9时，中央电视台宣布，国有股减持办法暂停。次日，股市全线飘红，大盘疯涨9.86%。但在认识到只是“暂停”，市场在短暂的兴奋过后，大盘又掉头向下，终于在2002年6月23日，国有股减持被正式叫停。

国有股减持在考验市场的承受能力，大盘闻减持而色变。实践表明：大盘经受不住这种考验，国有股、法人股这些不流通股票终是要流通的，如何流通，成为了监管层的一块心病，也成为市场迈不过去的一道坎。

如何是好？这时候股市已经“熊态毕露”，券商日子难过，曾经被大好形势掩蔽的许多问题浮出了水面。

5. 券商整治元年　“抓紧落实‘国九条’”

2004年的证券市场，其职能、定位已经大大方方地和宏观经济融为一体，国务院对资本市场的认识是：它“已成为社会主义市场经济体系的重要组成部分，为国有企业、金融市场改革和发展、优化资源配置、促进经济结构调整和经济发展，作出了重要贡献”。

为此，国务院于2004年2月1日，第一次发布专门针对资本市场发展具有纲领性的“红头文件”：《国务院关于推进资本市场改革开放和稳定发展的若干意见》，指出应当充分认识大力发展资本市场的重要意义，提出推进资本市场改革开放和稳定发展的指导思想和任务，指出应当进一步提高上市公司质量，推进上市公司规范运作，以及加强法制和诚信建设，提高资本市场监管水平等。总共九条意见，条条切中要害。被称之为“国九条”。

正是由于“国九条”对于资本市场发展具有很重要的意义，因此当温家宝总经理三句话一出，股市即以大涨迅速作出回应。温总理的三句话是：抓紧落实“国九条”、切实保护广大投资者利益、促进资本市场稳步健康发展。

也正是因为“国九条”提出的要“规范运作”，适逢股市几年的走熊，券商靠天吃饭的日子过不下去了，而且曾经被掩盖的种种问题暴露出来了。当2003年证监会对券商定出三条铁律：即严禁挪用客户交易结算资金；严禁挪用客户委托管理的资产；严禁挪用客户托管的债券之后，长达数年的“券商综合治理”终于开始了。

综合治理的风暴，一下子把一些券商老总卷走了，昔日风光无限的券商老总纷纷从高处跌落下来。

2004年1月，根红苗正、成立最早的南方证券，由于违法违规经营、管理混乱，最突出的表现是，巨额挪用客户保证金，终被证监会决定实施行政接管。

2004年，极品庄家德隆崩溃。4月14日，德隆三剑客“新疆屯河”、“湘火炬”、“合金投资”，同时开始上演高台跳水。自4月5日至4月30日，三支股票两周跌幅150%，约200亿元灰飞烟灭。中国资本市场最大的股市庄家轰然倒塌了。9月与恒信证券、中富证券、汉唐证券三家券商一起，德隆系的德恒证券被托管经营。自此，德隆的缔造者，衣着朴素、不喜烟酒的唐万新，无法像以往那样在华尔街考察了，他被警方带走了。

2004年10月，闽发证券严重违规被托管；次年1月，云南证券、大鹏证券被责令关闭；5月，北方证券被东方证券托管，亚洲证券关闭。南方证券也到了“弥留之际”，清算组发出证监会一纸公告：取消南方证券业务许可。南方证券被关闭了。

而在这一长串的证券公司黑名单中，背后的掌舵人也一个个地终结了自己曾经的辉煌。令大鹏“折翅”的昔日狂人徐卫国，2005年8月12日，被突然而至的警方刑事拘留。次年11月，因涉嫌操纵龙腾科技股价而出庭受审。闽发证券的“掘墓人”吴永红，在闽发证券被托管之后，就从人间蒸发了，消失得无影无踪。

一场豪赌导致南方证券倒塌的却是阚治东。这种赌性其实早在1995年的万国证券老总管金生身上淋漓尽致地体现过。这个架一副无框眼镜、直脾气、说话大嗓门儿，活像个北方汉子的阚治东，在举止中却透露出了上海人的精明。作为南方证券掌门人，与君安“教父”张国庆一样，阚治东也是中国券商中的“元老级人物”。1996年，申银证券与万国证券合并改为申银万国证券公司，也就是这一年，堪称中国股市曾经最好的年份，阚治东所领导的申银万国盈利了8个亿，风华正茂的他也因此被戏称为“赚钱机器”。阚治东在总裁这把交椅上一坐就是7年。直到1997年，他因使用银行资金操纵股价而被迫离开了申银万国，后来因能赚钱被请到了南方证券。

面对熊市和南方证券先前的亏空，阚治东依然故我地执行老一套做法：操纵股票价格、挪用客户保证金、豪赌二级市场，并把希望放在了自营股票上面。他豪赌的性格和依靠自营定乾坤的思维模式，最后将南方证券送进了坟墓。2005年3月，辞去南方证券公司总裁职务一年多的阚治东被深圳警方逮捕，理由是“因南方证券坐庄哈飞股份，涉嫌操纵证券价格”。

2004年，综合治理开始，直到三年后才收官。因此，2004年，被称为券商整治元年。

6. 股权分置改革　“开弓没有回头箭”

好不容易搞起来的证券市场，实际流通的股票只是上市公司全部股票中的一小部分，大部分的国有股、法人股并不流通。这种股权分置的格局，已经严重制约了证券市场的发展。国有股减持办法被正式叫停了，但如何解决股权分置的问题并没有因此偃旗息鼓。在股市持续低迷的2002年年底，证监会“第五任”主席尚福林上任了。关于解决股权分置的问题，他在心中已经盘算很久了。

2005年，股权分置改革的大幕终于拉开。

2005年4月29日晚，就在大家都想着如何好好享受一下“五一”长假时，谁也没有料到，证监会突然公布《关于上市公司股权分置改革试点有关问题的通知》。一纸通知是惊天举动：启动股权分置改革。

首批4家上市公司：清华同方、三一重工、金牛能源、紫江企业，盛装出场。破解中国股市“头号难题”，迈出了第一步。

5月15日晚，尚福林接受记者专访，抛出了一句股改名言：开弓没有回头箭。5月30日，证监会发布《关于做好股权分置改革试点工作的意见》，提出实行“试点先行、分步推进”的举措。

6月19日，周日晚，也是在大家都没有任何思想准备的情况下，证监会启动第二批试点，42家上市公司被圈定。速度之快、态度之坚决，是他对自己那句名言最好的解读。

6月27日，尚福林高调出席国务院新闻发布会，发出股改“总攻令”。这也是自证监会成立以来，证监会负责人“第一次在国务院新闻发布会上”

露面。

虽然对于股改，社会上也曾有一些不同的声音，但管理层坚定地认为：股改必须做。如果说，“改革开放三十年，农村改革和城市改革解决了调动发挥积极性的作用，那么股改的意义，就是解决了资产定价权的问题。这是中国走向市场经济最为重要的一步！”有专家评价说。

仅6月一个月，证监会、沪深交易所、国资委、财政部、国家税务总局等，所有与股改有关的部门全部登场，发布通知、指导意见近十项之多。齐心合力，其力断金！

8月23日晚，证监会联合国资委、人民银行、财政部和商务部，发布了被法学界称之为具有法律性质的文件：《关于上市公司股权分置改革指导意见》。

4天之后，股改行政法规：《上市公司股权分置改革管理办法》（征求意见稿）发布，向全社会征求意见。9月5日，《上市公司股权分置改革管理办法》正式发布并付诸实施。

这是一种何等的气势！

8月，市场终于看到了管理层的用心和努力，立即做出积极回应，股市从沪综指998点最低点开始上升，G板块大显身手。

11月16日，股改再次提速。11月21日，50家中小板公司的股改圆满落幕。中小板率先进入全流通。

1 000多家上市公司各有各的不同，有些公司股改很难，但也必须进行股改。2006年4月12日下午，上交所发出特急令，划定6月30日为股改最后期限，所有上市公司必须在此期限前完成股改。

随着股改的基本完成，我国证券市场这个最大的制度性障碍得以扫除。2006年6月19日，中工国际，在深交所挂牌，G三一限售股份流通。中国股市真正走进全流通时代了。

也是在2005年这一年，证券市场上“最为重要”的一件事发生了。证券市场上两部最重要的法律：《公司法》和《证券法》得以修订。2005年10月27日，“两法”修订案在十届全国人大常委会第十八次会议上同时审议通过。两部新法自2006年1月1日起实施。证监会有关负责人曾评价说，“尤其是《证券法》的修订与实施，在证券法制中具有“里程碑”的意义。

随着这两部新法的实施，一系列配套法规、规章陆续发布。“证监会的配套立法工作对资本市场法律规则体系，进行了一次全方位的清理和重构。涉及数量之多、变动之大、速度之快，皆为历史之最，法律规则体系已经覆盖到资本市场发行、交易、结算的各个方面和领域。”来自证监会的数据是，在“两法”施行以来一年半的时间里，证监会对证券市场法律制度体系作了全面的梳理与完善，陆续出台了87件规章及规范性文件。2007年4月15日，新修订的《期货交易管理条例》发布并实施。截至2007年6月底，现行有效的证券期货法律文件共有379件之多。

至此，中国证券市场上最为重要的制度障碍得以解决，法律体系全面建立。中国资本市场在经历了长达4年的持续低迷之后，终于实现了重大的转折性变化，与宏观经济面相一致保持了快速发展的势头。自2005年下半年以来的大牛市，更是让社会各界对中国证券市场有了更为深刻的认识。

7. 而今迈步从头越

到了2008年，如果从1990年12月深、沪交易所开业时算起，中国的资本市场已经19岁了。19岁的孩子已是成年人了，但它依然还很年轻，它还不成熟，很多成长中的烦恼依然困扰着它。但无论如何，我们看到，它正奋力地向成熟过渡。

数据胜于雄辩。有资料统计，截至2007年底，我国上市公司总数达到1 550家，沪深两市股票市场总市值已达32.71万亿元，已进入二级市场流通的市值9.31万亿元，投资者开设的有效证券账户总数达到9 200万户。2007年全年境内证券市场筹资达7 728亿元。新期货市场全年成交量7.28亿手，成交金额41万亿元，创历史新高。

最新的统计资料显示，截至2008年6月24日，中国A股、B股市场共拥有上市公司1 661家，总市值21.92万亿。按2007年GDP核算，证券化比率已达88.89%。

资本市场的影响已经“渗透”到社会生活的各个角落，无人能够“无视”它的存在。

但是，证监会的雄心壮志好像并不完全像证监会希望的那样：被认可，或者叫好。关于“证监会”权大权小以及如何更有效地监管等“大是大非问题”被人提出来了，而且还引起了社会各界的关注。

深交所第一任负责人王健在去年证券市场十八年庆典恰好对此有过评论，他说，“我这十多年还一直关注着这个市场。这个市场想超越，从证监会开始就要改革。证监会权力太大，应该分些权力。比如说什么叫证监会？就是监管，主要负责是监管，不是审批去发行，审批发行交给证券交易所”。

“而现在什么都是你管，人事你管，发行股票你管、法律法规你管，你管不过来，自己的监管任务恰恰忘记了。有些业务该放到证券商的放到证券商那里，该放到交易所就放到交易所”。

如今的证券市场与过去相比，法制越来越健全了，执法力度也越来越大了。但是，正所谓道高一尺，魔高一丈，参与者越来越多，巨大的利益冲突处处发生，证券市场从一开始到现在都不太平。所以，关于证监会与交易所、行业协会之间恰当合理地分权与配合，是证券市场要超越、要发展，躲不过绕不开的重要课题。

总结：从2007年10月中旬至今，面对股市频繁的暴跌，远高于成熟市场的震荡幅度，无不向世人表现了其“不成熟”一面。业内人士建言：中国股市走向成熟，绝不是哪一个要素单方面的成熟，而是包括监管者、投资者和上市公司在内的各个要素的共同成熟。

（十九）中国股市“大运行周期”

根椐十二年来，对沪市“月K线”运行周期研究，得出这样一种规律，在这里与大家分享。

打开上证指数月K线图，可以发现上证指数的运行周期是28个月左右，其中最长为30个月，最短为26个月。月K线“运行规律”是28个月，±2个月。

1. 上证指数从1990年12月到1993年1月第一次见顶1558点，用了27个月。

2. 从1992年5月份1429点算起，到1994年7月最低点325点，用了27个月。

3. 从1992年11月低点386点算起，到1994年最低点524点，为28个月。

4. 从1993年第一个顶部1558点算起，到1995年5月高点，为28个月。

5. 从1993年10月最高1044点算起，到1996年元月份最低512点，共26个月。

6. 从1994年7月最低325点算起，到1996年12月最高1258点，共30个月。

从1994年9月最高点1052点起到，到1996年12月最高点为28个月。

7. 从1995年2月最低524点，到1997年5月最高点1510点，又用了28个月。

8. 从1995年5月高点算起，到1997年9月份最低点1025点，为29个月。

9. 从1996年元月512点算起，到1998年6月份高点1422点，共30个月。

10. 从1996年12月高点1510点算起，到1999年5月低点（1043点），共30个月。从12月低点算起，亦是如此。

11. 从1997年5月份1510点算起，到1999年6月份最高点1756点，26个月。

12. 从1997年9月份最低点1025点，到1999年12月从最低点，为28个月。

13. 从1998年6月最高点1422点，到2000年8月最高点2114点，共27个月。

14. 从1998年8月最低点1043点算起，到2000年9月份最低点1874点，共26个月。

15. 从1998年11月高点1300点算起，到2001年2月最低1893点，共28个月。

16. 从1999年“5·19”到2001年顶部，用了26个月，如果从1999年2月份1064点算起，用了29个月。

17. 从1999年12月份最低点1341点算起，到2002年1月份最低点1339点，共26个月。

18. 从2002年最高2245点算起，到2003年11月1307点最低，共30个月。

19. 从2002年元月最低点1339点算起，到2004年4月1783点，共28个月。

20. 从2003年元月份最低点1311点起，到2005年6月最低点998点，共30个月。

21. 从2003年最高点1649点算起，到2005年9月份高点，共30个月。

到2005年6月份低点共27个月。

22. 从2003年11月份最低点1307点算起，到2005年12月份最低1074点，共26个月。

23. 从2004年4月最高点1783点算起，到2006年7月最高点1757点，共28个月。

24. 本次上涨，从998点算起，到6124点，用了29个月。

因此，沪市月K线运行规律是28个月，±2个月。沪市几乎所有的高低点都与这个相关。

上证指数熊市与运行周期的关系。

至今为止，上证指数经历了三个熊市，四次牛市。其中的三个熊市，都与这个 28 个月的运行周期相关。

第一个熊市，始于 1993 年 1 月，终于 1994 年 7 月，调整时间为 18 个月。在此之前，上证指数正是 28 个月的上涨周期。

第二次熊市，始于 1997 年 5 月，终于 1999 年 5 月，调整时间为 25 个月。在此之前，上证指数经历了 28 个月的上涨——从 1995 年 2 月最低 524 点算起为 28 个月，从 1996 年 1 月份算起是 18 个月。

第三次熊市，始于 2001 年 6 月，终于 2005 年 6 月，调整时间 49 个月，而在此之前，上证指数经历了 26 个月的上涨——从 1999 年 5 月份到 2001 年 6 月份。

第次四熊市？始于 2007 年 10 月，终于……有待验证。

（二十）股市“规律”大家谈

提到“股市”，在中国可以讲是家喻户晓，提到中国股市是“政策”市，立刻会受到一大批投资者的认同，提到中国股市是“技术”市，这样观点也会得到一大批投资者的认同。如果提出中国股市是“规律”市，对这种观点认同的人就不会太多了。有些投资者几乎未听说过中国股市是有“规律”在运行。

本人通过近 13 年研究和实战，认为：中国股市由“政策 + 技术”而产生了“规律”，而且是“涨有涨”的规律，“跌有跌”的规律，一但“规律”形成则不以任何人的意志为转移。

本人曾在八年前，就把这种“观点和论点”向当时的证监会主席周正庆同志书面反映过。后来的几年内，又向周小川、尚福林同志等高层领导，也提过这样的“观点及论点”，尽管他们本人未给我回复，总算得到有关部门、有关人员的回复。

股市“规律”到底体现在哪里？本人认为：中国的股市是由“政策 + 技术”而产生了“规律”。首先谈一谈中国“股市政策”与“股市规律”的具体现象。谈到这个问题，我们要用辩证的观点来理解和认识“政策与规律”之间的相辅相成关系。

以沪市大盘为例。本人从目前大家最关心的话题，来分析两者之间的关系，那就是“股改”是“成功还是失败”这个话题。话从 2001 年 6 月中旬谈起，“股改”的前提法叫“国有股减持”，八年前的六月中旬，当时沪市大盘上涨到 2245点，当时的股市真是千家欢喜几家愁，绝大部分上市公司的股票都有不同程度的上涨，给各类投资者带来了账面上的盈利，有些经济学家、上层人士都预测中国股市向3000点进攻。一片看多声，使各类投资者忘乎所以，有少数投资者甚至得意忘形。

在2001年6月中旬，管理层有关部门发布了有关“国有股减持”的消息，当时股指略有震荡并未出现大幅下跌。又过了几天，当时的财政部长提出“国有股减持”是特大利好的论点后，股市立刻做出反映，沪市股指立刻向下跳水，随之而来的四年熊市结果是……，各类投资者都成了股市的“输家”。尤其是广大中、小散户准备“买房买车”的钱被股市蒸发了，把他们多年的“积蓄”被股市蒸发了。对机构主力来说，把原计划建厂、建企业的钱，被股市“蒸发”后，只有改变原计划。尽管在2002年6月21日，管理层发布公告停止“国有股减持”，由于“股市规律和政策”已发生了严重背离，也就是说八年的熊市，管理层想尽了各种方法，采取了一系列重大举措，各有关部门，发布公告、文告、文件，达数十条之多，利好多多，“国九条”条条落实，都未能改变中国股市的“下降规律”。

按本人的观点就是没有“国有股减持”，股市也会物极必反，2245点不跌，2345点也会跌。2345点不跌，2445点也会下跌。因为股市是有“规律”在运行的。尽管管理层有时用政策来调控中国股市，但在中国的股市中，政策不是万能的，没有政策是万万不能的，技术分析不是万能的，没有技术分析是万万不能的。

“股改”从2005年5月9日开始进入实质性阶段，在中国股市跌到2005年6月8日998点时，股市的“物极必反”原理产生了。在当时，有名的“中金公司”提出中国股市将向800点迈进时，舆论一片哗然，中金猜对了吗？没有，因为他们是人而不是神。请大家记住在股市中，一切都是依“市场涨跌”为准，我们都会犯错，包括管理层也会犯错，唯独“市场”不会错，永远是正确的。

让我们回顾一下历史，老股民们都记得，在2001年6月14日，当时沪市股指在2245点，当时很多投资者都认为，沪市大盘将会向2800点、3000点进攻时，事实是股指从2245点“一路震荡”下跌至2005年6月6日的998点，1000点，许小年的“千点论”终成事实。

本人认为：不管是庄家、机构，不相信股市有“市场规律”，或对抗“市场规律”，或不尊重“市场规律”，结果就会被“市场规律”碰得头破血流。

（二十一）休息也是一种“投资”策略

休息也是一种投资策略。休息是赚大钱的前提，休息是回避市值回落的最好方法。因为只有休息才有头脑的冷静！千万不要怕因休息而错失良机，因为股市的钱是赚不完的。适时休息，是平常心的体现，不会休息的人，就可以说不会炒股。学会空仓才是高手！

一个人做任何事，都讲究劳逸结合，股市“投资”也不例外。华尔街著名的投资（投机）大师索罗斯有其独特的工作方式，他每周工作一般不会超过30个小时，更多的时间里，他是在休假或者是在娱乐。对此，他的解释是：“休息”其实是工作的一部分，只有“远离”市场，才能更加清晰地“看透市场”，那些每天都守在“市场”的人，最终会被市场中出现的每一个细枝末节所左右，最终会失去自己的方向，被“市场”给愚弄。

其实，股市投资重在对市场的深层次理解和感悟，以及由此做出的投资决策。如果投资决策正确，“一年只做一笔交易”也能获利不菲；如果投资思路不正确，一年上百笔的交易也未必能获取超过银行利率的收益。

会休息的人善于“审时度势”，能够把握股市特有的“四季冷暖”变化。当大势向好行情趋暖时，积极做多；当大势转弱行情偏冷时，则减仓休息，保存资金实力。至于在跌市中出现的各种反弹行情，除非投资者自认为有丰富的“短线操作经验”和“快速果断”的止损能力，否则尽量不要参与。不要忘记，休息也是投资策略的一种，而且在持续弱市中，休息恰是最好的投资策略。

（二十二）股票“涨跌”与“能量”的关系

股票一个周期“涨与跌”的过程（现象）。从物理学、量子力学理论而言，这个过程就是“力的上升到下降”的过程，也是量能的“聚集到释放”的过程。

当量能越积越多，力能越来越大，把股指（股价）推向另一个高度，物极必反。当能量、力量到了一个周期的“顶部”便要开始释放能量，这时的力量会随着量能的释放而下降，股指（股价）也会随着下降。从物理学“量子力学中”得知，任何物体上升时要有力能“推动与支撑”而下降时不需要力的“推动与支撑”。那么，如何来判断股票量能的“聚集上升”和“释放下降”呢？可根据均价系统、均量系统、KDJ系统及MACD等技术系统指标来判断。例如，5日平均线上升，说明市场5日之内成本价在上升。5日平均线（价）超过10日平均线，说明10日平均价也在上升，5日平均线（价）与10日平均线（价）向30日平均线（价）推进，并超过30日平均线（价），说明30日平均价也在上升，由于市场上的成本价越来越高，势必造成对股指（股价）的支持，会进一步推动股指（股价）的上涨。反之，则股指（股价）下跌。

（二十三）股市政策与规律

股市运行过程中，政策不是万能的，没有政策是万万不能的；股市运行有其内在规律，政策是外因，在内因没有出现由量变到质变的时候，任何政策的作用都是暂时的。因此，股市政策与规律的关系可归纳如下：

1. 当"政策与规律"合二为一时，股指就上涨或下降。

2. 当"政策和规律"一分为二，股指也上涨或下降，但"政策"要服从"市场规律"而运行。

3. 当政策强制使"市场规律"改变其运行轨道时，只能是暂时的、局部的，改变不了大的"市场规律"运行轨道。

政策是暂时的，"市场规律"是永恒的。大家都知道，政策是为国民经济服务的，而股市又是反映国民经济的"晴雨表"（近几年"晴雨表"经常失灵）。我认真仔细地把中国股市20年来每一次"政策救市"对股市的影响，以及"晴雨表"的反映，即"市场规律"与"政策"配合运行是合二为一，还是一分为二，是一石激起千层浪，还是激起一点浪花的现象进行比较和分析，得出结论："政策"不是万能的，没有"政策"又是万万不能的。政策是暂时的，"市场规律"是永恒的，而跟着"市场规律"去炒股，才能成为真正的赢家！

下面对政府"十三次救市"与当时大盘走势运行规律加以分析，从而得以验证，给投资者一些启发和帮助。

第一次救市政策出台于1991年9月份

打开K线图，沪指是1990年12月19日开始交易，当时股指是96点开盘，至1991年1月14日运行了18个交易日，股指最高点是135点，股指上涨了40%左右，之后一路震荡下行至1991年5月17日股指最低点104点，股指下跌了20%左右之后，股指便一路震荡上行，至1992年5月27日，股指上涨最高点为1429点，股指上涨了1 143%。

我们再打开深市大盘走势图，看当时的股指走势：深市从1991年4月3日开始交易，当天开盘指数为988点，开市后第二天股指便一路震荡下行，至1991年9月7日股指最低点为396点，股指下跌了60%左右，当时政府开始用两亿资金救市，号召有关单位人员买入深市金融股深发展稳住大盘的跌势，之后深市大盘便一路震荡上行至1991年11月14日股指上涨最高点1026点，股指上涨了195%左右。

深市大盘走势图（见图十三）：中国股市“第一次”用政策来救市，中国股市是“政策市”的来由，就由此而产生了。

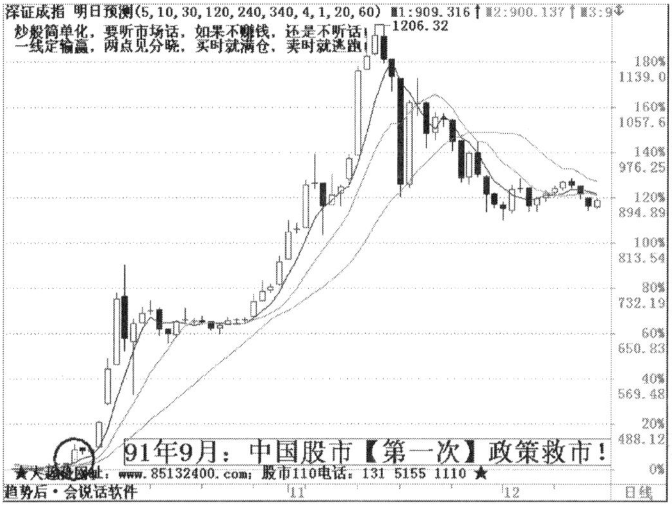

图十三

我们的观点是：深市开市后的运行“规律”已形成下降趋势。

第二次救市政策出台于1994年7月份，三大政策强力救市

沪市股指从1993年2月16日之后，深市股指从1993年2月22日之后，两市股指便一路震荡下行。

沪指从1993年2月17日至1994年7月29日止，股指下跌80%左右。

深市从1993年2月22日至1994年7月29日止，股指下跌70%左右。

尽管这一年多的时间内政府也发布了一些利好如宏观调控政策实施等，“大盘的运行规律已形成向下趋势”，政策利好消息仍不能使大盘走出已形成的下降规律，改变其运行轨道，只能是暂时地局部地走出一波小反弹行情（见图十四）。

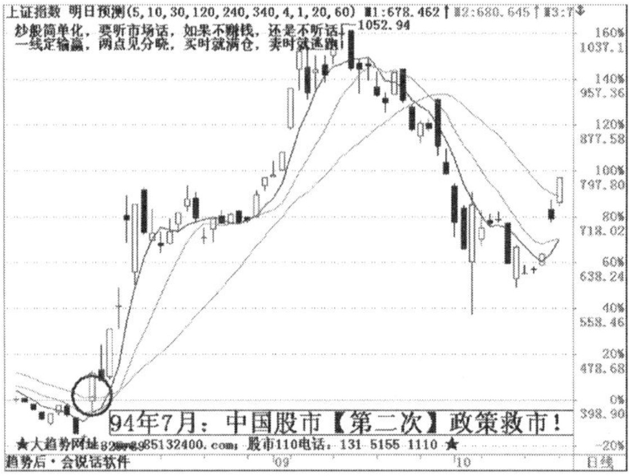

图十四

第三次救市政策出台于1995年5月份，关闭国债期货引发井喷行情

沪指从1994年9月14日至1995年5月11日止，股指下跌43%左右。

深市从1994年9月14日至1995年5月11日止，股指下跌48%左右。

第三次救市政策出台后，并未达到预先的意图，股指在一波强劲反弹后，行情是昙花一现，继续按已形成的下降规律运行（见图十五）。

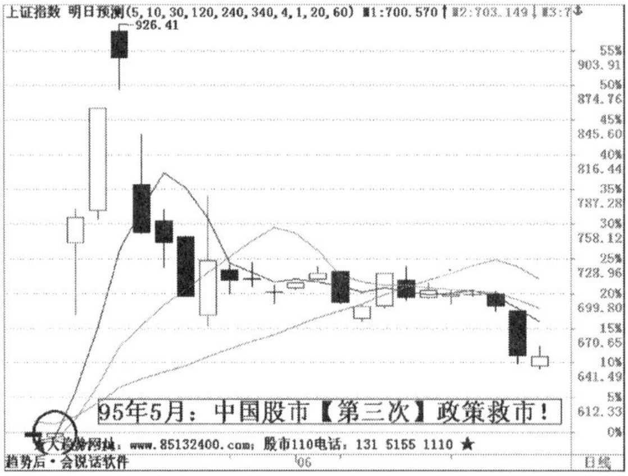

图十五

第四次救市政策出台于1996年5月份，降息催生大行情

沪指从1996年1月22日至1997年5月12日止股指上涨180%左右。

深指从1996年1月23日至1997年5月12日止股指上涨500%左右。

沪指从1996年1月22日股市自身运行“规律”已形成上升趋势。

深指从1996年1月23日股市自身运行“规律”已形成上升趋势。

在1996年1月23日至4月底这段时间内政策导向基本利多，出台规范，再加上首次降息，更加刺激股市疯狂上涨，沪指至1996年12月9日最高股指为1250点，深指1996年12月9日最高股指为4504点，同年12月16日《人民日报》《正确认识当时的股票市场》令股指连跌三天，沪市股指跌至855点，股指下跌30%，深市股指跌至2916点，股指下跌35%（见图十六）。

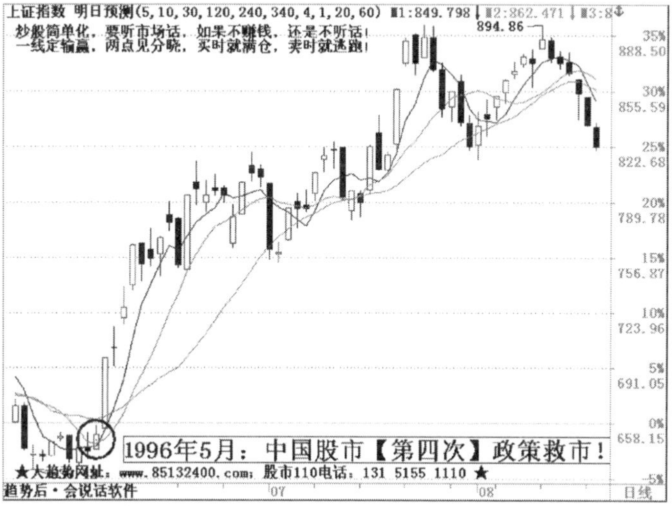

图十六

第五次救市政策出台于1999年9月份，三类企业获准入市

当沪市指数从1996年12月25日至1997年5月12日止，股指已涨了72%左右。

当深市指数从1996年12月25日至1997年5月12日止，股指已涨了105%左右（深市创历史最高，从1997年5月12日开始至今都未能突破6203点的高点）。

两市大盘从1997年5月8月至1999年5月19日，长达两年的时间内股指是一路震荡下行，在这段时间内，管理层不知发了多少有关股市利好消息，财政部、银行等各有关部门领导多次发表观点、文章，都未能使大盘上行、股指上涨。

从1995年5月19日行情开始至1999年6月30日行情结束，这次行情虽爆发力强劲令人难忘，但却十分短暂，只能是政策利好和短线能量的聚积爆发，是恢复性上涨。

7月1日，中国第一部证券大法实施之首日，量能释放殆尽，利好提前兑现的大盘有近600个股票跌停板，也创了中国股市之最。从1999年7月1日至1999年12月28日，政府共出台28条有关股市、经济等的利好消息，但股市就是不涨，而是一路震荡向下运行（见图十七）。

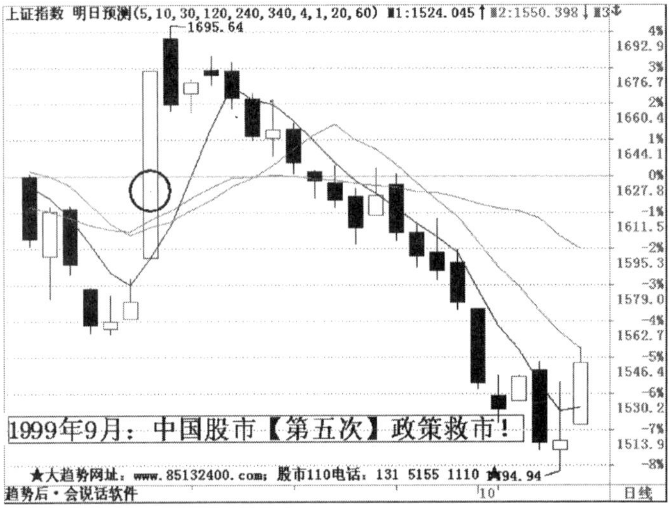

图十七

第六次政府救市出台于2000年2月份，龙年春节后留下世纪缺口（亦称情人节）缺口

当沪指在1999年12月28日股指最低点为1341点，深指在1999年12月28日股指最低点为3284点，两市股指在当时真空的情况下，无任何有关股市、经济利好及利空的消息。股指自身的运行规律形成了上升趋势（高抛低吸软件又发出红色箭头，提示投资者大盘又到了一个相对底部，可以进场进行投资了）（见图十八）。

2000年2月23日晚有关媒体传来了两个重大的利好消息：

（1）允许符合条件的证券公司自营的股票及投资基金做质押向商业银行借款。

（2）将在新股发行中试行向二级市场投资者配售新股的办法。

2000 年 2 月 14 日也是春节后开盘的第一天，股指一路高开高走，沪指大盘当日上涨 9.05%，深指大盘当日上涨 9.36%，两市成交量创中国股市之最新 925.38 亿之巨，随后沪市大盘一路震荡上行至 2001 年 6 月 14 日最高股指为 2245 点，股指上涨 40%。深市一路震荡至 2001 年 4 月 26 日最高股指为 5091 点，股指上涨 24%，两市大盘在这一段时间内不管管理层各有关部门公布、发布、宣布各级有关领导讲话、指示、政策法规等，其中有利好，有利空，两市大盘我行我素，毫不理会什么“规范年还是监管年”，就是涨、涨、涨!!!

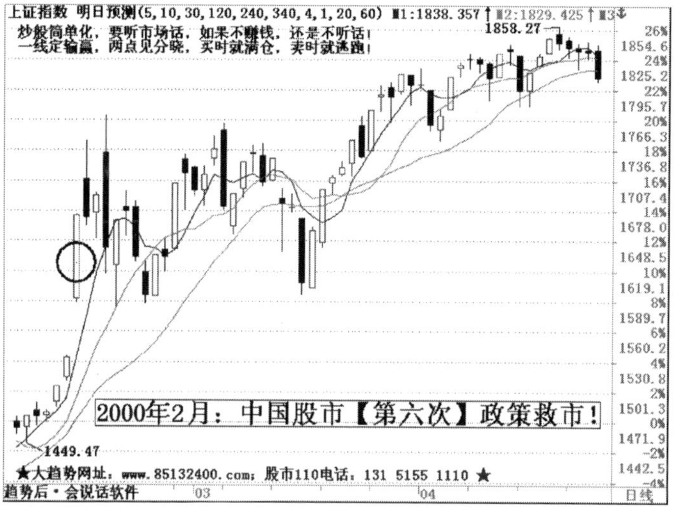

图十八

第七次救市的出台于 2001 年 10 月 22 日，国有股减持暂停执行

尽管这一利好出台在 2001 年 10 月 23 日，两市大盘跳空高开，沪市大盘股指上涨 9.86%，深市大盘股指上涨 10%，个股几乎全线涨停，又创股史之最，10 月 24 日又一次跳空高开，但维持不长，短期内又一批投资者成为这一次跳空高开的套牢一族。

同年 11 月 16 日国家税务总局又发一个利好，调整印花税率由 4‰下调为 2‰，两市大盘仅向上运行了 13 个交易日。沪市股指最高为 1776 点，深市股指最高为 3613 点。两次利好沪市大盘共上涨了 15%，深市大盘上涨了 11%。之后的行情，两市大盘仍我行我素一路震荡向下运行至 2002 年 1 月 29 日，沪市股指跌至 1339 点为止（见图十九）。

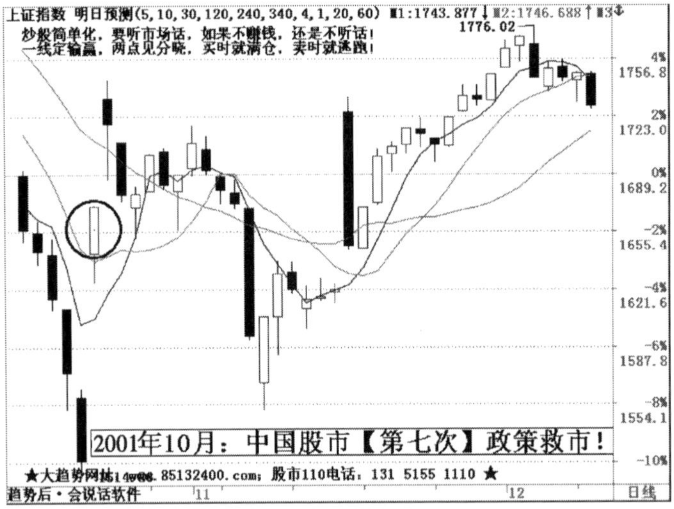

图十九

由于2001年管理层把证券市场的主基调定为是规范和监管年。2002年初，政府的政策基调发生了根本的转变。各有关部门及相关领导在各类不同场所、时间，均发出一种共同的观点就是：“保持证券市场的稳定和发展”，特别要保护投资者，增强投资者的信心，一系列利好，如中央金融会议的召开，第七次降息，3月21日，四任证监会主席全部给中国股市给予肯定……当时股指沪市为1693点，3月22日两市股指又我行我素一路震荡向下运行直至1455点才又告一段落，这段时间尽管利好多多，大盘就是不涨。

第八次政策救市的出台是2002年6月21日

当天由“国务院和证监会”共同公布了在国内证券市场“停止国有股减持”这一特大利好，同时还公布了提高增发门槛的另一利好。

6月24日两市大盘同时向上跳空高开。沪市大盘指数上涨了9.25%，深市大盘上涨了9.34%。成交量两市共计为上千亿元之多，创两市历史之最，90%以上个股均为涨停（见图二十）。

6月24日以后，两市大盘均出于所有人的预料之外，凡进场的投资人均无获利的可能（除超级短线投资者）。连金信证券和光大证券公司买的500502及500035两大基金均无利可图，割肉出局。

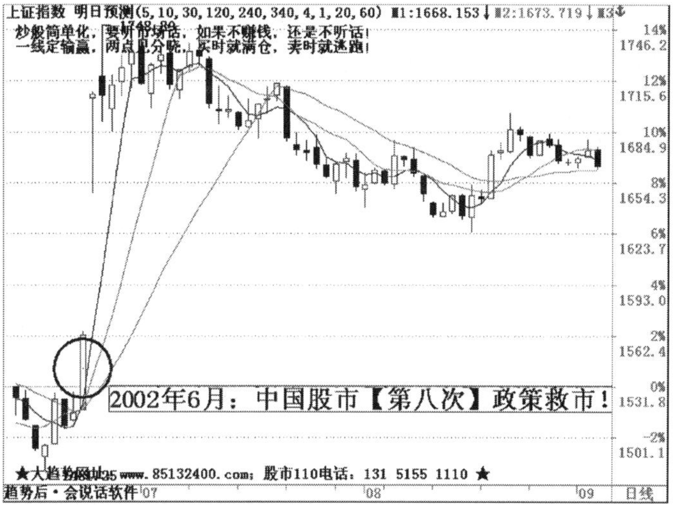

图二十

此后政府各有关部门有关人员又在不同的场地、不同的时间发表相同的利好观点，如：向二级市场全额配售新股、佣金的自由浮动、外资参股、放缓增发、降低印花税、180 指数的公布、基金大扩容等等。社保基金进二级市场投资也提上议事日程，再加上 QFII、个人股票抵押贷款、保险资金直接入市等政策面实质或朦胧利好的刺激，但两市股指仍是波澜不惊，缓慢震荡向下运行。

第九次政策救市的出台是 2004 年 2 月 2 日

中国股市从 2001 年 6 月 13 日起，当时沪市大盘为 2245 点，便一路开始向下调整，见图二十一。在这“五年”中这么多的利好消息刺激股市，它不但不涨，反而在不停地下跌，GDP 高增长，股市下跌；GDP 增长放缓，股市下跌；利率下降，股市下跌；提高利率，股市下跌；扩张性财政政策，股市下跌；宏观调控，股市下跌；国有股减持，股市下跌；国有股暂停减持，股市下跌；业绩增长，忧虑过热，股市还下跌；业绩不增长了，那还用说？狠狠的跌！股权分置，股市跌；解决股权分置，股市还是跌！对价少，股市跌；对价多，股市还跌！纳斯达克跌，股市跌；纳斯达克涨，我们股市跌；亿安倒了，跌！德隆倒了，跌！南方倒了，跌！大鹏倒了，跌！中金不倒，更跌！世界各国股市没跌，我们仍然大跌！

尽管“国九条”出台后，从 2004 年 2 月 2 日起，股指上涨 120 点，但从 2004 年 4 月 6 日至 2005 年 4 月 29 日，管理层各有关部门，仍然不断地发布各有关经济、股市的利好消息进行配合，股市仍然波澜不惊，与“管理层”的初衷截然相反。由“国九条”公布时1590点，跌到2005年6月6日的998点……，看来这一次“政策救市”又没成功（见图二十一）。

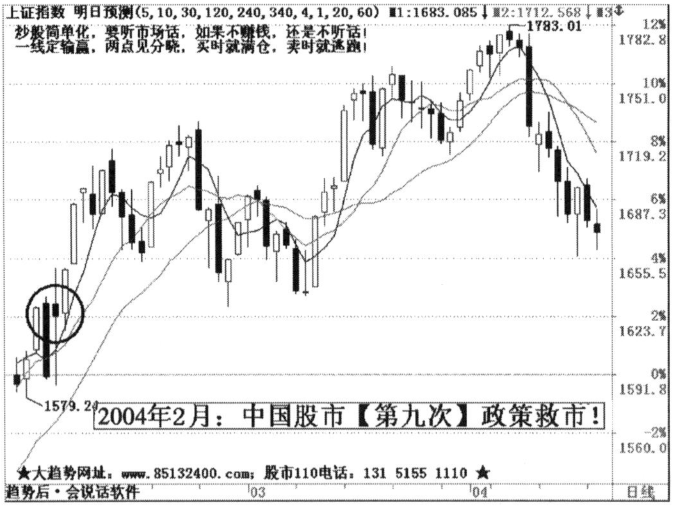

图二十一

第十次政策救市的出台是2005年4月29日

由于股改是中国股市中“绕不过去的”一道坎，迟改不如早改、慢改不如快改、小改不如大改。如果我没有记错的话，在2001年6月中、下旬，“管理层”有关部门和前任财政部长，大谈特谈、大讲特讲，国有股减持（也就是现在叫股改）是特大利好等言论，导致大盘一路不回头至今。在2005年5月之前这一段时间内，“管理层”有关部门、相关领导，再准备用“股改”政策，救一次股市，终于在2005年4月29日，公布了股改纲领性的文件《关于上市公司股权分置改革试点有关问题的通知》，宣布启动“股权分置改革试点”工作。从此股改拉开了序幕，两批试点之后，尚福林主席一句“开弓没有回头箭”的经典格言，使股改真正地拉开了大幕。从2005年5月9日，沪市大盘开盘点位是1160点，至2005年12月30日，沪市大盘收盘点位是1161点，大盘整体平衡，在“股改”这八个月的时段内，以股指而言，“多、空”双方打了一个平手，谁也没有占到便宜，但谁也没吃亏。从“管理层”的角度而言，真是费尽心机，用足了脑子，才得到这样“和谐”的局面，让“多、空”双方握手言和而皆大欢喜（见图二十二）。

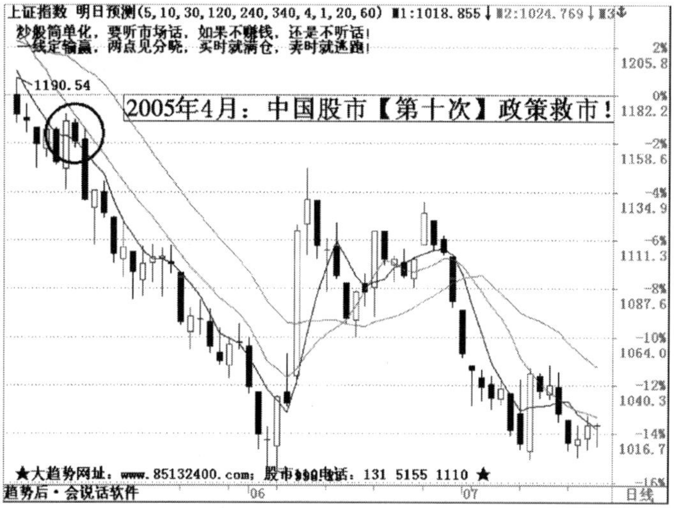

图二十二

第十一次政策救市的出台是2006年1月4日

商务部、证监会、国家税务总局、国家工商总局、国家外汇局联合发布《外国投资者对上市公司战略投资管理办法》，并将于1月31日起施行。业内人士指出，此举是A股市场一大利好，将为2006年可能重启的IPO热身，并将给中国资本市场带来深远影响。沪深股市受此利好影响高走。境外投资者投资中国A股市场的大门终于进一步敞开。

为什么管理层在2006年一开年，就五个有关单位联合发出如此的利好消息。说明管理层有关单位也在按照“市场规律”办事。打开K线图一看，目前“上升通道”已形成，就此发布利好。会使大盘股指更上一层楼，因为4年的熊市，已使绝大部分投资人对股市信心不足，包括部分主力、机构。因为4年的熊市，几乎个个是输家，资金大量缩水，在国内投资人身上“圈钱”，已很难达到“管理层”的预期目标。管理层只有把“圈钱”的目标，投向国外的投资者。国外的投资者，他们的“钱”好圈吗？可能是一厢情愿吧？从另一层原因考虑，从2005年5月9日，沪市大盘开盘点位是1160点，至2005年12月30日，沪市大盘收盘点位是1161点，大盘整体平衡，平分秋色，由于“股改”才进行三分之一，证监会主席在2005年说过“开弓没有回头箭”这句“股市经典名言”，决不仅仅是代表他个人，而是代表国务院，代表政府所说的。股改还有三分之二有待于今年完成，为了不使“股改”半途而废或夭折，所以管理层各“有关部门”都在积极献计献策，为国家分忧，此时此刻发布此“利好”消息，是利国利民的。但股市的“自身规律”能否按照管理层的意思去走，还得画个问号。在此时间段公布“五部委”如此利好的消息，从历史上看，与2004年2月1日公布“国九条”如出一辙。这次行情又会“套牢”一大批国内投资者，因为中国股市的“历史教训”太深刻，没有一次重大利好出来后“不套”人、不消灭一批庄家、机构、和大户的。

由于第十一次政策救市的出台，管理层在一开年，五个有关单位“联合”发出利好消息，当时的情况是：政策发利好，股市的“自身规律”也发出相同要求，按本人研究的“股市辩证规律论”就是中国“股市政策与市场规律”合二为一时，股市就上涨，当时沪市大盘1000点左右（见图二十三），从此开始，沪市大盘一路震荡向上至2007年10月16日止，沪市大盘创了“历史”新高，沪市股指高达6124点，整整上涨了六倍。尽管在2007年5月30日，管理层用“上调印花税”来调控股市，但股市上涨趋势已经形成，因此，还是再创新高。

这波牛市行情，使很多人，很多机构，包括“管理层”各有关部门，都没有想到，当沪市涨到6124点时，还有很多所谓“股市预言家”说沪市要涨到“8000点甚至是10000点”，鼓吹死了也不卖。但沪市股指，从2007年10月16日6124点之后，就开始一路“震荡下跌”直到2008年的7月3日2566点止。

尽管在这段时间内有几次反弹行情：

1. 从2007年12月21日反弹到2008年1月14日止；
2. 从2008年4月22日至反弹到2008年5月6日止；
3. 从2008年7月3日至反弹到2008年7月10月日止。

但由于下跌趋势已经形成，不可能形成反转。

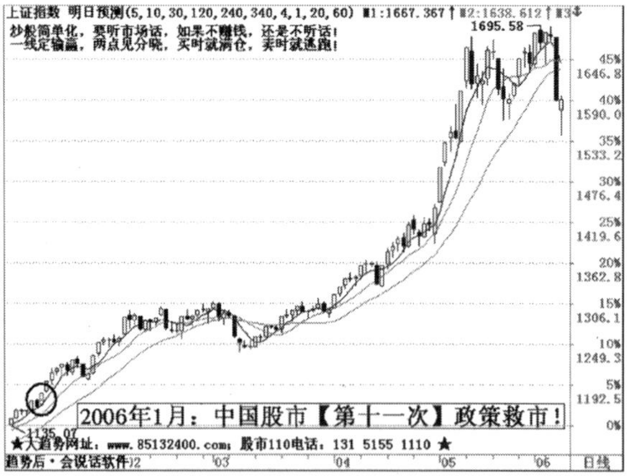

图二十三

第十二次政策救市的出台是2008年4月21日

看一看大盘走势图，真正的大熊市应该是2008年的1月中旬开始，是这一波“熊市”行情的开始，沪市大盘一路跌到2008年4月20日，4月20日—24日五天之内，管理层连续两次出台了“大小非减持新政”和“印花税下调”两大股市利好消息，因为在这个期间，大盘已下跌了50%左右。全国所有的投资人坐不住了，尤其是在利好消息发布之前，所有的人都是“怨声载道”，中国的股市将向哪里去?

因为所有股市投资人，都找不到正确的答案，要不要政策救市？当时也是两种意见，一种反对，一种赞同，反对有反对的理由，赞同有赞同的理由。最后，还是赞同的人战胜了反对的人，管理层不得不在4月21日，开始打响了2008年中国“政策救市”的第一枪。出台了“大小非减持新政”，但“市场”不买账，仍有下跌求底的态势。4月24日管理层有关部门，在极不情愿，而又无可奈何的情况下，又出台了“印花税下调”的稳定民心的措施，谁知好景不长，沪市大盘从2008年4月24日至2008年5月6日；只反弹了七天，股指只上涨了200点左右，然后又开始向下寻求新的底部了（见图二十四）。

图二十四

第十三次政策救市的出台是2008年9月19日

从2008年4月24日至2008年5月6日，第十二次政策救市股指只上涨200点左右，也宣告第十二次政策救市效果不佳，从此大盘向下寻求新的底部。

在这四个多月的时间内，对中国股市而言，可以说天灾加人祸（“5·12”汶川大地震，大小非的减持）两市股指一路震荡向下，再加上美国的次贷危机，越南股市的暴跌，使中国的股市一蹶不振，尤其在世界瞩目的奥运期间，股市真的是不给任何人的面子，8月8日奥运会开幕式当天，沪市大盘下跌121点，第二天又下跌135点，深市下跌376点，第二天又跌488点，真是把所有投资者都跌“蒙”了，跌“惨”了。

在这段时期内，所有的媒体及有关重要人士及管理层有关部门，都异口同声地，一而再、再而三地要“维稳”股市。重要媒体多次发表文章、文件、公告、答记者问……，市场仍然是我行我素，就像一部失了控的电梯，从最高层向最底层滑落，凡在电梯内的人群，使尽浑身解数，想尽各种办法献策献计，说三道四，出谋划策，你说你的他说他的，市场仍然选择向下运行，多少抢反弹、抄底建仓、投机、投资，就连QDII的资金，及全部进场的各类资金，基本上输多赢少，多多少少的被套牢。

如果在没有人能够把这部失控的电梯修好之前，人们所有的言论都是“白说”。每天下午三点收盘之后，“市场”都给出正确答案，涨就是涨。

由于沪市股指从2008年5月6日起的3786点，经过95天的运行，至2008年9月18日，股指下跌了1995点，下跌52%左右。讲实话，这样的下跌在中国股市也是前所未有，已创了中国股市及世界股市的历史之最了。

2008年上半年，沪深A股总市值缩水14.66万亿元，而我国2008年上半年GDP为130 619亿元，这意味着股市2008年上半年的下跌，已经令全国各经济领域在同期创造的财富总和全部化为乌有，意味着中国劳动者在2008年上半年全都在白干活，统统做了无用功，甚至还欠了1万多亿元的债。这样的事实已出乎所有人的意料之外，作为一个普通公民，是心有余而力不足，只有“政府”才能改变这种格局。

从2008年4月24日，政策救市又一次无效之后。沪市股指又下跌了52%左右，这里面有天灾，有人祸造成的。我们的观点仍然是：这是“市场规律”造成的。

从远说，2007年10月16日，沪股指高点6124点形成之后，股市的运行规律拐头向下了。

从近说，2008年1月14日，2008年的沪指高点5522点形成之后，股市的运行规律拐头向下了。

这里请大家回顾一下中国股市的历史：

“上升规律”形成之后，政策出利好救市，股市大涨。不出利好小涨；

“下降规律”形成之后，政策出利好救市，股市小涨。不出利好大跌。

2008 年 9 月国资委、证券会、财政部、国税局联合发布各种利好消息，如支持中央企业增持或回购上市公司股份；表示资本市场发展具备扎实经济基础；印花税单边征收。中国股市第“十三次政策救市”开始了。

9 月 19 日一开盘，“市场”就明确反映，沪市高开 162 点，深市高开 547 点，大盘及个股均已涨停而报收，因为卖盘不多，成交量并未达到有效放大，这次“政策救市”能否成功，我们请大家看事实吧。

沪市大盘从 9 月 19 日只上涨四天至 9 月 25 日，沪指冲高到 2333 点，又拐头向下寻求支撑，深指只涨一天至 9 月 22 日到 7752 点，也拐头向下寻求支撑，然后两市股指就一路上、下震荡运行至 2009 年 3 月尤其在 2008 年下半年，管理层各有关部门不知又发布了多少利好的消息：

2008 年 8 月 25 日，证监会公布《关于修改上市公司现金分红若干规定的决定》，并公开征求意见，鼓励上市公司建立长期分红政策，进一步完善推动上市公司回报股东的现金分红制度。

2008 年 8 月 28 日，证监会出台上市公司大股东增持新规；9 月 23 日，汇金通过股市增持三大银行股。

2008 年 9 月 16 日宣布人民币贷款基准利率下调 0.27 个百分点。

2008 年 9 月 19 日，汇金开始回购三大银行股，印花税改为单边征收（千分之一）。股市大涨，银行股涨停。

2008 年 10 月 8 日，下调存款准备金率 0.5 个百分点；一年期存贷款基准利率 0.27 个百分点。

2008 年 11 月 11 日，中国政府宣布 4 万亿投资计划。

2008 年 11 月 26 日，银行利率下调 1.08 个百分点；存款准备金率下调 1 个—2 个百分点（小银行 2%）。指数冲高收低。

2008 年 12 月 23 日，年内第 5 次降息，降幅 0.27 个百分点。

2008 年 12 月 31 日，沪市收在 1820 点，深市收在 6485 点。两市全年跌幅约 65%。表现在好的偏股型开放式基金跌幅 31%。

另外，也不知重量级的媒体发了多少文章、社论，大盘该涨它照涨，该跌它照跌。

2008 年，一年之间 24 万亿人民币没了，你能说清这是为什么？我只能告诉你以上一切都是“市场”所为。你不同意我的观点也没关系，只要你能“赚钱”就行。您说第十三次“政策救市”是否成功（见图二十五）。

图二十五

从前十三次政府用政策救市的历史情况分析。可以认为中国股市是“政策配合市场规律”在运行，用政策去调控股市，有时是很成功的，在十三次政策救市中，最成功的是第十一次，时间长达 24 个月，其次是第六次，时间长达 17 个月。最不成功的是第五次，时间只有一天。

因此，政府在出台有关政策时，如能考虑到并“遵循”股市自身的运行规律，使“政策与规律”达到和谐而统一，则能起到事半功倍的效果。

股市实战技巧

（一）开盘、盘中、尾盘操作技巧

股票买卖策略，是投资者买卖股票的方法和技巧。从事股票投资，对于买卖时机的掌握，除了要看大盘的涨跌和趋势外，还必须对每一个股票的“买一招”和“卖一招”进行分析。

因为我国沪深股市交易时间为每个工作日：上午 9 点 30 分到 11 点 30 分，下午 13 点到 15 点，分开盘、盘中和尾盘三个阶段。股票的买卖时间至关重要。下面将重点介绍“开盘、盘中、尾盘”的投资技巧。

开盘是一个交易日的开始，也是大盘一天走势的基调，除非特大利多或利空消息刺激，否则，当日内一般不会发生大涨和大跌。

首先在开盘时要看“集合竞价”的“股价和成交额”，看是高开还是低开，就是说，和昨天的收盘价相比，价格是高了还是低了。它表示出“市场”的意愿，期待今天的股价是上涨还是下跌。成交量的大小则表示参与买卖的人的多少，它往往对一天之内成交的活跃程度有很大的影响。然后在 30 分钟内看股价变动的方向。

一般来说，如果股价开得太高，在半小时内就可能会回落，如果股价开得太低，在半小时内就可能会回升。这时要看成交量的大小，如果高开又不回落，而且成交量放大，那么这个股票很可能就要上涨。看股价时，不仅看现在的价格，而且要看昨天的收盘价、当日开盘价、当前最高价和最低价、涨跌的幅度等，这样才能看出现在的股价是处在一个什么位置，是否有买入的价值。看它是在上升还是在下降之中。一般来说下降之中的股票不要急于买，而要等它止跌以后再买。上升之中的股票可以买，但要小心不要被它套住。

具体来说，要关注以下几项内容：

1. 集合竞价：如沪深市的 9 时 15 分至 9 时 30 分为集合竞价时间。集合竞价是大盘一天走势的预言，“价·量”关系变化及大户进出动向从中可见一斑，因而具有“重要”的参考价值。

开盘后，必须立即查询“委托买进”笔数和“委托卖出”笔数的多寡，研判大盘行情会走多或走空。一般而言，如果一开盘买单大于卖单 2 倍以上（如买单 20 万张，卖单 10 万张），则显示“买气”十分旺盛；反之，如卖单大于买单 2 倍以上，则代表“空方”卖盘十分强大。

每笔买进“涨数与笔数”之比值为 8 以上，代表有大户买进，如有连续数次 8 以上大比值出现，代表大户入市愿望强烈；反之，如果“卖单”在 8 以上，可立即抛出手中的持股。

集合竞价的意义在于按照供求关系“校正”股价，可以初步反映出“价、量”情况及“大户”进出动态。

2. 修正开盘：9 时 30 分至 10 时为修正开盘。若大幅高开则有一定幅度拉回，大幅低开则会适当上调。之后，大盘得到修正再按照各自的走势运行。由于人为的“拉抬和打压”因素，开盘指数与股价都有一定的泡沫性，此时进场风险甚大，必须等到修正开盘，消除盘面盲点后，才能看清大盘的真实情况。如果一旦开盘两极分化且迟迟未见修正迹象，则可立即确认“大盘强弱和收盘涨跌”走势。

3. 开盘三线：开盘三线是指开盘后三个阶段的指数位置。若以 10 分钟为一计算单位，则盘面涨跌情况如下：

（1）开盘三线在 9 时 40 分、9 时 50 分和 10 时始终在开盘平行线上方游动，且一波比一波高，为“涨势”盘面。

（2）开盘三线一路走低，始终在平行线下方且与平行线的距离越拉越大，这种情况为“跌势”盘面。

（3）开盘三线还有一些不很明显的态势也要注意，如开盘“三线二上一下”和“一下二上”仍趋涨势，而开盘“三线一上二下”或“二下一上”则趋跌势，操作者应该密切注视开盘三线变化，灵活掌握，及时做出准确判断。

（二）买一招：日 K 线

如果买股票时，能掌握一些有效的原则并严格遵照执行，就可以大大减少失误，而提高获利的机会。下面介绍几个有效的“买一招”原则。

1. 趋势原则。在准备买入股票之前，首先应对大盘的运行趋势有个明确的判断。一般来说，绝大多数股票都随大盘趋势运行。大盘处于“上升趋势”时买入股票较易获利，而在“顶部”买入则好比虎口拔牙；“下跌趋势”中买入难有生还，盘局中买入机会不多。还要根据自己的资金实力制定投资策略，是准备“中长线投资”还是“短线投机”，以明确自己的操作行为，做到有的放矢。所选股票也应是处于“上升趋势的强势股”。

2. 分批原则。在没有十足把握的情况下，投资者可采取“分批买入”和“分散买入”的方法。这样可以大大降低买入的风险。但分散买入的股票种类不要太多，一般以在三只以内为宜。另外，分批买入应根据自己的投资策略和资金情况有计划地实施。

3. 底部原则。中长线买入股票的最佳时机应在“底部区域”或股价刚“突破”底部上涨的初期，应该说这是“风险最小”的时候。而“短线操作”虽然天天都有机会，也要尽量考虑到短期底部和短期趋势的变化，并要快进快出，同时投入的资金量不要太大。

4. 风险原则。股市是“高风险高收益”的投资场所。可以说，股市中风险无处不在、无时不在，而且也没有任何方法可以完全回避（不买就可回避）。作为投资者，应随时具有风险意识，并尽可能地将风险降至最低程度，而买入股票时机的把握是控制风险的第一步，也是重要的一步。在买入股票时，除考虑大盘的趋势外，还应重点分析所要买入的股票是“上升空间”大还是“下跌空间”大、上档的阻力位与下档的支撑位在哪里、买进的“理由”是什么？买入后假如“不涨反跌”怎么办？等等，这些因素在买入股票时都应有个清醒的认识，就可以尽可能的将风险降低。

1. 如何利用“单根 K 线”判断大盘走势

单根 K 线幅度在 3% 以上才有实用价值，低于 3% 可忽略。

5% 以上往往是“中级”行情的开始，前两天站稳 10 日均线之上，第三天买进成功率是 80% 。

对 K 线的“涨跌”大概分为：

（1）小阴小阳线：波动范围在 0. 6%—1. 5% ；

（2）中阴中阳线：波动范围在 1. 6%—3. 5% ；

（3）大阴大阳线：波动范围在 3. 6% 以上。

2. 单根“长阳线”的买进信号判断（需用其他指标配合）

单根“长阳线”在股市中一般均意味着“较强的多头”含义，但事实上，就单根“长阳线”本身而言，并不能简单进行趋势判断，也不能简单进行“买一招”的判断。在股市中，很多投资者都是在“单根长阳线”的情况下进行追涨，成为历史高位的套牢者。

3. 单根“长阳线”的多头买进信号判断

必须与“技术形态”进行综合分析判断。所谓与技术形态综合分析判断，包括两种情况：

（1）只有当个股从“底部刚启动”时出现的“第一根”长阳线，抓住信号进入才有较好的利差；

（2）启动后“涨幅不大”随即进入横盘整理，在箱体中调整时间足够长后，出现的“首根”长阳线，及时跟进，也应有较好“短期”回报。

（3）必须有量能的确认。在股市当中“量比价先行”的道理谁都知道，但在实盘操作中却很少有人能够真正做到“先看量，再看价”，或者是在实盘中不好把握放量标准。在实战中的经验是，“单根放量”需要第二个交易日的确认，尤其是单根放量过大的时候，随即的量能很有可能无法跟上。因此，对于投资者来说，放量过多并非是一件好事；其次是放量标准一般是与前期量能比，在前期平均量能基础上，放大至少40%以上的个股，才能称得上是“放量”。

4. 庄家启动的“日K线”图形

虽然庄股操盘手法千变万化，但万变不离其宗，“吸筹—拉升—派发”，于是判断主力何时吸筹就显得相当重要了。庄股启动初期大致以下面几种日线形态为主：

（1）阳十字星组合。指某只股票在“相对低位”放量收出一根长阳线（多为涨停）后，第二个交易日收出一根“十字星”进行洗盘，那么说明主力已经进场大幅建仓。

（2）放量过平台。指某只股票某日“放量”突破一段时间来整固的平台，收出一根长阳。如前所述，放量长阳说明主力正收集筹码，而刚突破平台，说明上档抛压较轻，该股上升空间广阔。

（3）连收大阳、中阳线。指某只股票在“相对低位”连续“放量”收出大、中阳线，主力强行收集筹码。这类股票有一较大特征是启动前“跌回原形”或“跌幅较深”。当大盘出现转机时，主力为了节省建仓时间，连续“放量”拉高建仓。“5.19”行情由于来得突然，个股调整的时间、空间充分，众多机构仓促上阵，为数不少的“庄股”就是以这种方式建仓。

（4）放量不封涨停。指某只股票在“相对低位”明显放量，具备封住涨停板的能量，但主力刻意控制上升幅度或进行洗盘，就算盘中涨停，收盘前也打开，仅收出长上影的小阳线，主力边吸筹、边震荡“洗盘”的特征表露无遗。

（5）低开阳线。指某只股票某日大幅低开后，迅速走强，股价迅速回升到上一个交易日的“收盘价”附近，显示主力借低开阳线画图，刻意制造一个“短时间”的空头陷阱，以达到震仓，吸纳“低价筹码”的目的。

（三）买一招：“分时图”买点

如何在盘中及时把握正确“买一招”，在实际操作中非常重要，尤其是“超短线”投资者。在这里，介绍一种利用“分时盘中”即时“换手率”与股价即时“涨幅”来确定即时“买一招”的办法。

1. 确定买入条件

（1）当天的换手率要达到3%以上，介入点在该股上涨2%之后（如果大幅高开，只要上涨1%就可介入）。

（2）开盘后股价半小时后上涨达2%，认为是稳步上涨；在10分钟内上涨幅度超过3%，认为是放量大涨。

2. 盘面出现以下情况，可即时介入：

股价稳步上涨，分四种情况：

（1）股价在开盘半小时左右稳步上涨，换手率达到0.6%。

（2）股价在开盘一小时左右稳步上涨，换手率达到0.8%—1%。

（3）股价在开盘一个半小时左右稳步上涨，换手率达到1.2%—1.5%。

（4）股价在开盘两小时左右稳步上涨，换手率达到1.7%—2%。

3. 早盘放量大涨，分三种情况：

（1）股价在开盘半小时左右放量大涨，换手率达到0.8%—1%；

（2）股价在开盘一小时左右放量大涨，换手率达到1.2%—1.5%；

（3）股价在开盘一个半小时左右放量大涨，换手率达到1.7%—2%。

4. 下午开盘放量大涨，分三种情况：

（1）下午开盘前半小时：1:00—1:30。

（2）下午开盘一小时：1:30—2:30。

（3）下午收盘前半小时：2:30—3:00，涨幅在2%以上，换手率分别达到1.8%—2.1%、2.2%—2.5%、2.7%—3%。

（四）买一招："综合法"最佳买点——"一招定乾坤"

用各种股市分析软件的K线、成交量、MACD以及KDJ四个指标，只要大盘或个股出现其中的三个指标或四个指标同一天发生"金叉"，都有一波行情。

沪市大盘：2008年11月7日开始，此图形出现，股价就上涨（见图二十六）。

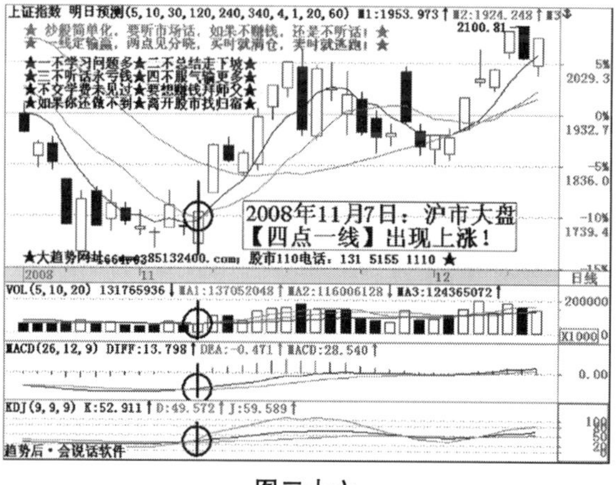

图二十六

沪市大盘：2007 年 7 月 20 日开始，此图形出现，股价就上涨（见图二十七）。

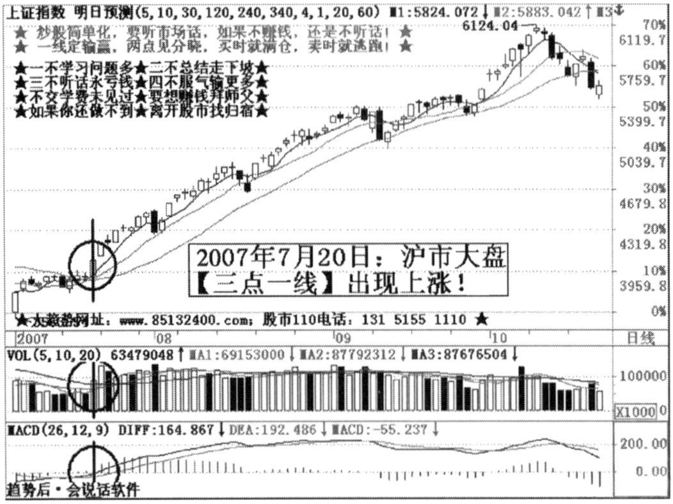

图二十七

沪市大盘：月 K 线，2006 年 1 月 25 日开始，此图形出现，股价就上涨（见图二十八）。

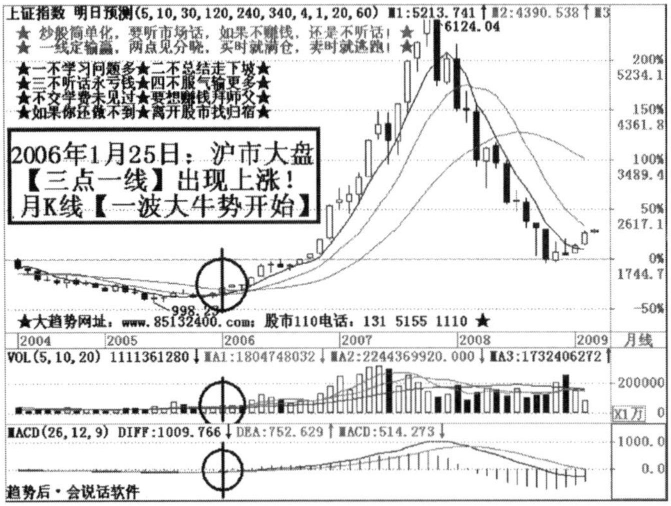

图二十八

深市大盘：2008 年 11 月 10 日开始，此图形出现，股价就上涨（图二十九）。

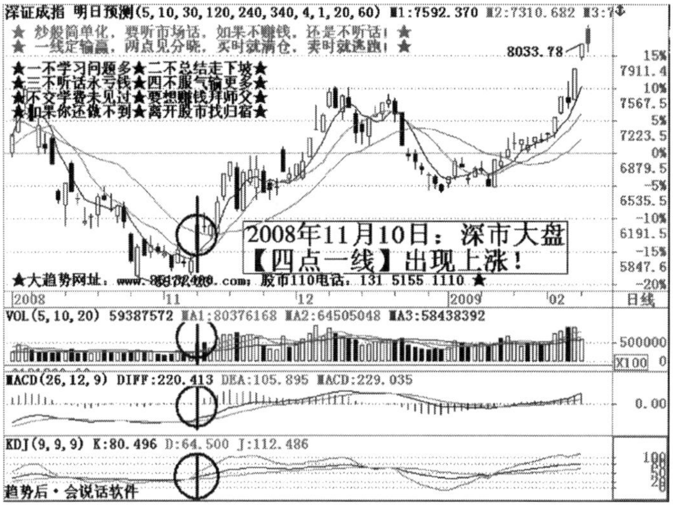

图二十九

深市 B 股：2008 年 11 月 7 日开始，此图形出现，股价就上涨（见图三十）。

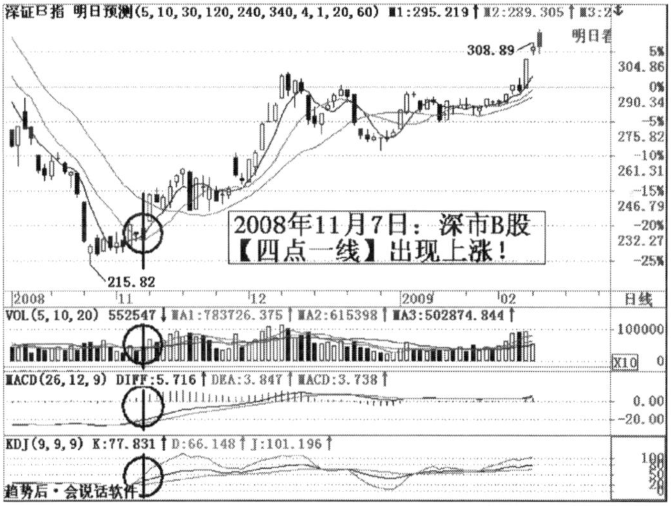

图三十

如：000001 深发展，从 2009 年 1 月 14 日开始，此图形出现，股价就上涨（见图三十一）。

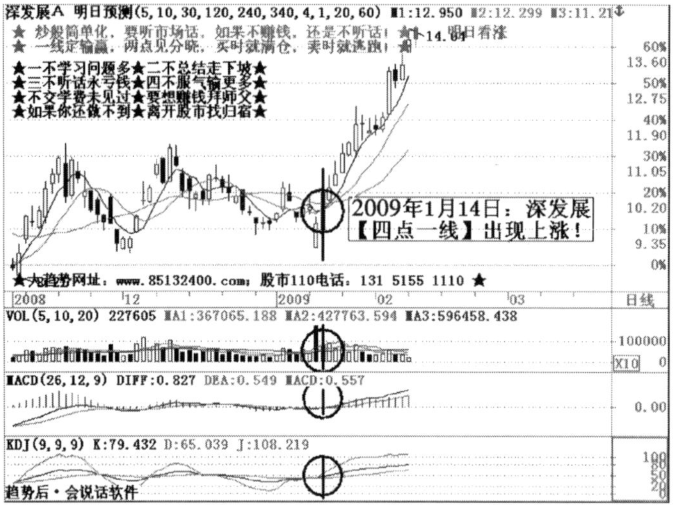

图三十一

如600015华夏银行，从2009年1月14日开始，此图形出现，股价就上涨（见图三十二）。

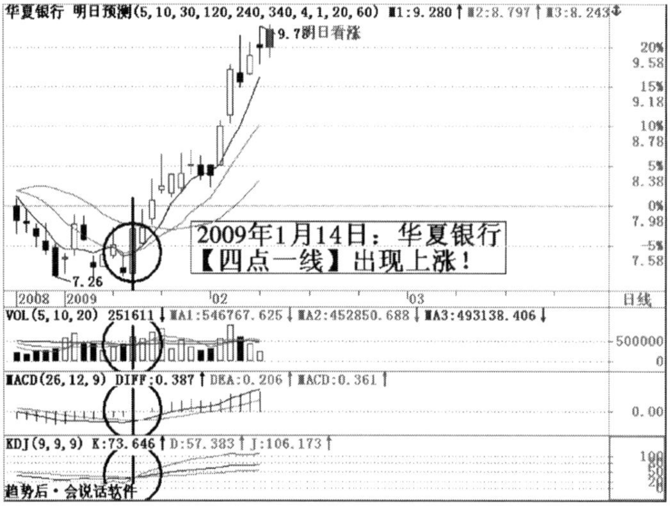

图三十二

基金金泰：2008年12月31日开始，此图形出现，股价就上涨（见图三十三）。

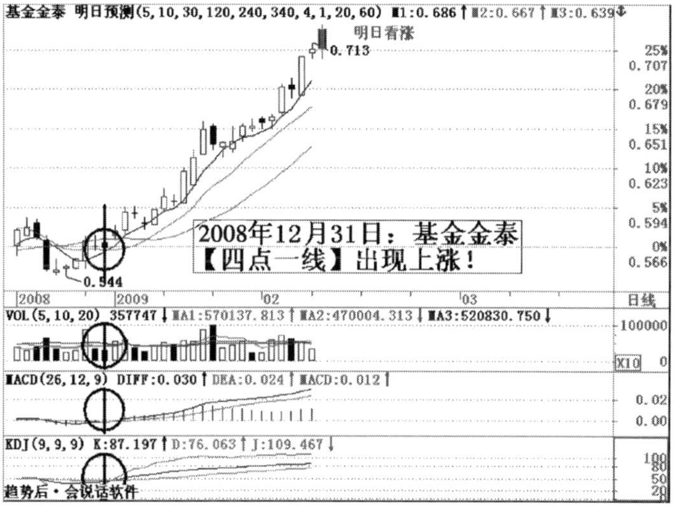

图三十三

如600392太工天成，2008年12月31日开始，此图形出现，股价就上涨（见图三十四）。

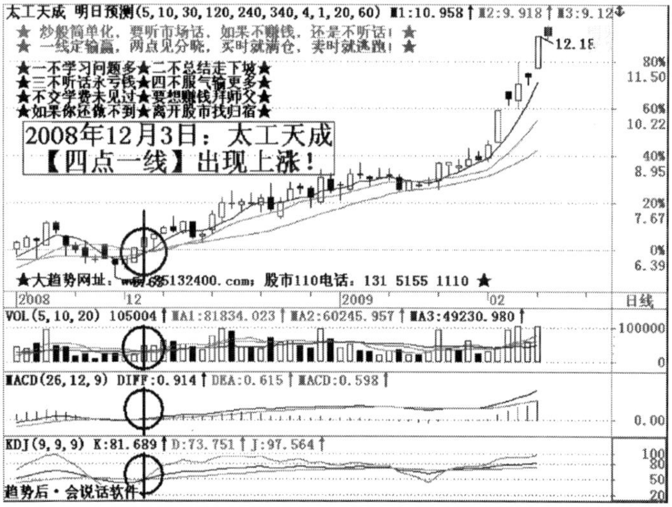

图三十四

特别提醒：以上所有图型中，都在“相对底部”时，均有一根上涨“超3%以上”的大阳线出现。都体现出“买一招”的特征。

（五）卖一招：日K线

1. 根据K线形态出货

（1）在行情的“相对高位”或“暴涨”末期，如果出现“长阴或巨量长阴”，巨量长上下影线之小阳、小阴、十字星等K线应坚决出货。

（2）在行情的“相对高位”或“暴涨”末期，出现“巨量”长阳，如果第二天不能再上涨或低开，或开盘就下跌，也应该坚决出货。

（3）在行情的“相对高位”或“暴涨”末期，如果出现“黄昏之星”、“两阴夹一阳”、“连三阴”等K线组合，应坚决出货。

2. 根据“移动均线”出货

（1）对于“暴涨”的股票若行情下破3MA，就应考虑出货。特别是对于“超级短线”炒家。

（2）沿5MA大幅“快速上涨”的股票，下破5MA坚决出货。

（3）沿13MA“大幅上涨”的股票，下破13MA坚决出货。

3. 根据“趋势线”出货

（1）行情加速上涨开始后，由加速起点上穿快速“上涨趋势线”，一旦下破“快速趋势线”，就应坚决出货。

（2）无论是务实还是务虚，一般行情的“最佳出货点”只有一个，能否在“最佳出货点”出货，是职业短线炒家功力是否深厚的标志。对于职业短线炒家，卖出股票价格与目标股票一波行情“最高点或最佳出货点”的差异应该控制在5%以内。

所以职业短线高手，不仅仅要综合把握各种出货方法，而且还要对股票的各种变化、主力的各种操盘手法熟练掌握，真正做到与“主力或庄家”同呼吸共命运，真正达到与行情完全“融为一体”。

4. 卖一招：准则

投资者在买入股票时，都是认为股价“上涨”才会买入。但若买入后并非像预期的那样“上涨”而是“下跌”该怎么办呢？如果只是持股“等待解套”是相当被动的，不仅占用资金“错失”别的获利机会，更重要的是背上“套牢”的包袱后还会影响以后的操作心态。与其被动套牢，不如“主动止损”，暂时“认赔”出局观望。对于“短线操作”来说更是这样，“止损”可以说是短线操作的法宝。股票投资回避风险的“最佳办法”就是止损、止损、再止损，别无它法。

因此，在买入股票时，就应设立好“止损位”并坚决执行。短线操作的“止损位”可设在5%左右，中长线投资的“止损位”可设在10%左右。只有学会了

“割肉”和“止损”的股民才是成熟的投资者，也才会成为股市真正的赢家。

5. 卖一招：最佳卖点——“一式见分晓”

原则是：当庄家拉升一只股票经过一段时间后，感到力不从心，或由于资金不够等种种原因，短者3天—5天，长者8天—12天股价就会下调、回落，用什么指标进场，就用什么指标出场。

(1) 激进型。打开各种软件图观察，MACD“红柱”是变长还是缩短。要注意：每天早上打开钱龙图时，只要MACD“红柱”比昨天的长，就可以大胆持股，只要发现“红柱”比昨天缩短，再配合KDJ分时图是相对高位时，即先卖出二分之一或三分之一股票，确保一部分获利。如庄家打压2天—3天再拉升一次，MACD红柱还会放长，等再次发现‘红柱’又比前一天缩短，就要全部抛出，落袋为安，再换另一只庄股。同时，当日的K线基本以阴线收盘，当日的成交量基本也以阴量收盘。

(2) 稳健型。打开各种软件图观察，DIF趋势线，是向上延申，还是向下延申，一但DIF趋势线，拐头向上或拐头向下，就说明一波行情开始或结束（分短、中、长线）。

沪市大盘，从2008年10月6日之后，出现“一式见分晓”的图形，就开始震荡下跌，就要全部抛出，落袋为安。2008年11月7日之后出现“四点一线”的图形，再进场（见图三十五）。

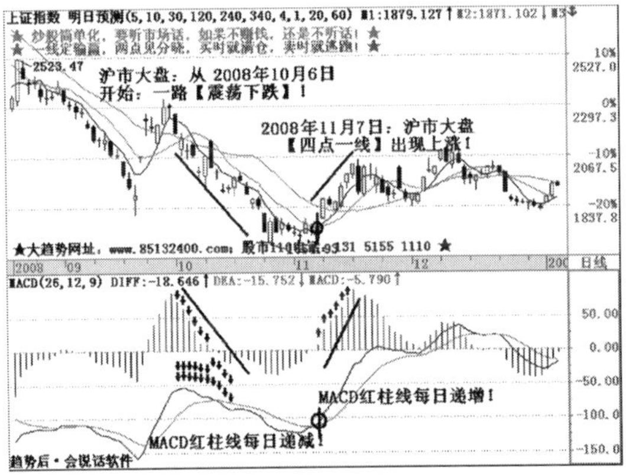

图三十五

600019宝钢股份，从2008年11月18日出现“一式见分晓””的图形，就要全部抛出，落袋为安（见图三十六）。

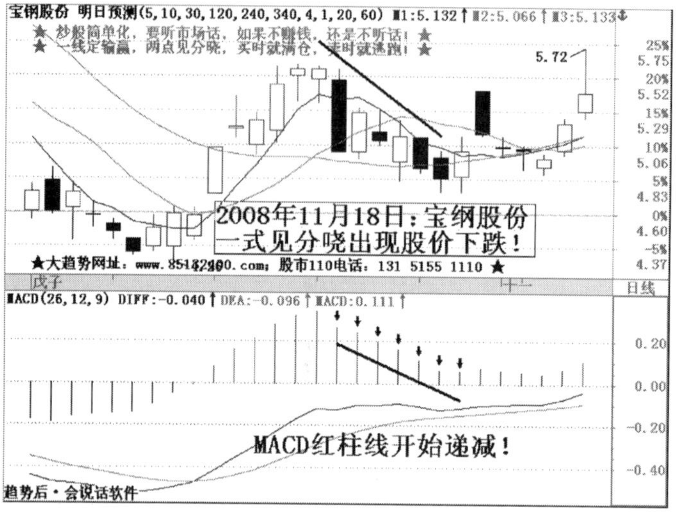

图三十六

结论： 不管大盘在高位低位，个股只要出现“一式见分晓”（当日 MACD 红柱比前日缩短时，K 线及成交量基本收阴）图形时，就应该抛出二分之一或三分之一或全部抛出，一但 DIF 趋势线，拐头向下，就说明一波行情结束了（分短、中、长线），这就是最佳卖点。

特别提醒：以上所有图型中，都在“相对头部”时，都有一根下跌超 3% 以上的大阴线出现。

认真了解自己的状态，掌握“卖出”及“不买”的戒律。

（1）掌握“卖出”的戒律。

①不能依据获利多少，来决定是否卖出。

②不能依据业绩好坏，来决定是否卖出。

③不能依据市盈率高低，来决定是否卖出。

④不能因为大势向上，而拒绝卖出！多头市场，也有“空头”股票。

⑤不能因为等待反弹，而拒绝卖出。

⑥不能心存有侥幸，而拒绝卖出。

（2）掌握“不买”的戒律。

①大势趋向空头时，不买。买涨不买跌。

②整体板块走势不好时，不买。

③30 日均线正在下降或股价处于 30 日均线下方的股票，破“生命线”，不买。

④股性不好的股票，不买。买股买善庄！

⑤突破点成交量表现不佳的股票，不买。换手率不够不买！

⑥当成交量巨量时不买。巨量止盈不买。

⑦当能量或动量过大时不买。涨幅过高不买。

⑧技术指标不成熟的股票，不买。

⑨当价格趋势后势不明朗时不买。

⑩不具有宽广底部的股票不买。横有多长，竖有多高。

⑪正在缓慢下跌，已经走成下降通道的个股不买。下降通道中无好货。

⑫曾经被恶炒过，庄家已经撤离或正在撤离的个股不买。

⑬盘整时期，在盘中突然拉起一根大阳线的股票不买。

⑭突破盘局后，已经出现连续三根大阳线（15%以上），不买。

⑮第一次冲高到前期高点附近，只要不涨停不买。

⑯不具备均线多头排列不买。

⑰不论走势如何好，也不买涨势发动太久之后的股票。追高不买。

⑱宁可错过一次赚钱的机会，也不买任何风险大于报酬的个股。

⑲只要身在股市，就永远不猜测底部，也不预测顶部，顺势而为。

⑳每波行情中，总有主流、支流、末流（跟风）板块之分，要想跑赢大势，就必须紧跟主流板块特别是领涨股。骑马要骑“大黑马”，买股要买“龙头股”！

（六）MACD 传统指标看盘

MACD 传统指标在炒股实践中有一定的先知先觉作用。其功能如下：

1. 能判断一天、一周、一月的走势。

2. 能判断大盘及个股“一波行情”开始后，主力和庄家洗盘、打压的情况。

3. 能判断大盘及个股“一波下跌行情”开始后，大盘及个股主力、庄家给投资者第二次、第三次出货的机会（提示：当一波下跌行情刚开始时，如股指出现回调，就是给投资者第二次出货的机会，希望投资者千万不要有“侥幸”心理，否则，贻误战机，后悔莫及，白白赔了时间又赔钱）。

4. 当 KDJ 指标中 J 值发生钝化时，投资者看 MACD 的变化，只要 MACD 当时、当日、当周、当月红柱继续比前一时、一日、一周、一月放长，投资者即可大胆放心持股，一旦J值钝化几时、几日、几周后开始回落，投资者就可考虑“出场”或“减仓”。

5. MACD第一次在O轴线之下金叉，股指、股价有一定的涨幅。第二次在O轴线之上二次交金叉，股指、股价涨幅会比前一次更大。

（七）DIF与MACD传统指标配合看盘

每次行情始末DIF指标与MACD指标均有一种相辅相成的关系。

1. DIF向上交叉MACD为买点。
2. DIF向下交叉MACD为卖点。
3. DIF从高位二次向下交叉MACD时则股价下跌幅度会较深。
4. DIF从低位二次向上交叉MACD时则股价上涨幅度会较大。
5. 一旦股价的高点比前一次的高点高，而MACD指标的高点却比前一次的高点低时，表示股价的上涨是外强中干，称为牛背离，暗示股价很快会反转下跌。
6. 一旦股价的低点比前一次的低点低，而MACD指标的低点却比前一次的低点高，则表示股价不会再持续下跌，称为熊背离，暗示股价很快反转向上涨。

请股民朋友特别注意以下四点：

1. MACD绿柱线时，在“0轴线”以下不要进场。
2. 没有“周K线”配合不要进场。
3. 当5日与10日平均线，在30日平均线下方发生“金叉”时不要进场。
4. 凡除权（10送5以上）股票，除权前已“放量”的，除权后不进场。

（八）KDJ传统指标看盘

KDJ随机指标，波动于0－100之间，表示超买超卖，主要由K%、D%、J%组成。

1. K值在20左右水平，从D值左方，向上交叉D值时为“短期买进”信号。
2. K值在80左右水平，从D值右方，向下交叉D值时为“短期卖出”信号。
3. K值形成一底比一底高的现象，并在50以下水平，由下往上连续两次交叉D值时，股价涨幅会较大。
4. K值形成一顶比一顶低的现象，并在50以上的高水平，由上往下连续两次交叉D值时，股价跌幅较大。

5. K 值高于 80 超买区时，短期股价容易向下回档。

6. K 值低于 20 超卖区时，短期股价容易向上反弹。

7. J 值 >100 时，股价会形成头部。J 值 <0 时，股价会形成底部。

（九）K 线、成交量、MACD、DIF、KDJ 指标综合看盘

当走势图中出现 5 日均线（5 日均价线）上穿 10 日均线（10 日均价线）形成金叉，发出买入信号，同时（可推后 1 日 –4 日）5 日均线与 10 日均线又上穿到 30 日均线（30 均价线）形成金叉，发出买入信号之后，股价一般都要上涨一段时间。5 日均线、10 日均线、30 日均线呈“多头排列”向上之势。当 5 日均线与 10 日均线金叉后，30 日均线一般会有以下三种情况出现：

1. 在 5 日均线、10 日均线金叉下方，说明 30 日均线支撑股价上涨力度较大。

2. 在 5 日均线、10 日均线金叉上方，说明 30 日均线有压力，股价上涨度很小。

3. 5 日均线、10 日均线金叉后 1 日 –4 日后才能上穿 30 日均线，说明 30 日均线有一定压力，股价上涨一般不会太大。

同日，成交量系统也会作出反映，当日的成交量一般都会比前一日放 1 倍 –4 倍，5 日均量线会上穿 10 日均量线形成金叉，发出买入信号。5 日均量线与 10 日均量线呈多头排列向上之势（有时 5 日均量线与 10 日均量线呈粘连、平行状态 1 日 –3 日）。

配合指标：MACD 指标（中长线指标）也会作出反映。DIF 上穿 MACD 形成金叉，发出买入信号（有时在 0 轴线之上出现，有时在 0 轴线之下出现）第一根红色柱线出现在 0 轴线之上。DIFF 及 MACD 两条线呈多头排列向上之势。

配合指标：KDJ 指标（短线指标）也会作出反映，K 值、J 值（一般在 50 以下）同时上穿 D 值，形成金叉，发出买入信号，K、D、J 值三根线呈“多头排列”向上之势。

不管是大盘还是个股一波行情的拉升从“日 K 线”开始了，如“周 K 线”出现上面所说的情况，即是一波“中级行情”的拉升段开始，如“月 K 线”也出现上面所说的情况，即是一波大行情的拉升段开始。因此，我把这种技术指标在同一日（周、月）发出金叉的图形命名为“一招定乾坤”（称为最佳买点）。

当 60 分时 K 线图中、日 K 线图中，出现“一招定乾坤”图形，没有“周 K 线图形及月 K 线图形”的配合，可认定为“反弹”行情，这样图形每年只出现 3

次-5次。有“周K线图形，月K线图形均配合”60分时图形、日K线图形，可认定为“反转”行情。这样的图形每年只出现1次-2次。

有人会问“最佳卖点”似乎没有“最佳买点”好把握。

是的，有的投资者问：“为什么有的个股‘涨一波’就会调整，甚至回到原位，可有的个股‘一波一波连续上涨’至数月后再回调?”

请股民朋友注意的是：日K线出现“一招定乾坤”图形后，一定要有‘周K线’配合，否则上升率不会太高。股民朋友们用我发明的“一招一式”对照验证一下，就应该明白以前买到手中的股票是否与我所说的一样。

“一式见分晓”图形出现，不如“一招定乾坤”让人一目了然，看分时图较难只能以“日线”为主，当天开盘后就可以判断，只要MACD“红柱线”比前一天有所缩短，股价已有获利10%以上，就请股民朋友不要太贪，果断抛出二分之一或全部抛出，留点风险，留点甜头让别人，切记，切记。

俗话说“会卖的是师傅”。最佳“卖点”确实不如最佳“买点”好确定。我经过反复验证，认为抛出股票时，要参考日线图、分时图、周线图综合分析。如某股拉升过急，2日-3日已有10%-20%的涨幅，只要一出现当日MACD“红柱线”比前一日缩短，当日的K线，基本都会出现高位变盘信号，请股民朋友们注意观察。

（十）进出点位计算

以当天开盘、收盘、最高、最低价位为准做计算：

A=今日最高价　B=今日最低价　C=今日开盘价

D=今日收盘价　E=（A+B+C+2D）÷5

F=次日开盘价

预测次日上升突破点价公式：　E+（A-B）

预测次日上升阻力价位公式：　2E-B

预测次日下跌支撑价公式：　2E-A

预测次日下跌反转点价公式：　E-（A-B）

预测次日心理价位公式：　（E+1+2+3+4）÷5

预测次日收盘价公式：　（5+F）÷2

1. 次日上升突破价位

如明日此股价最高价超过此价位，则有上升行情产生，可当日买入，或观察几日逢低吸纳。

买入条件：

(1) 成交量必须超过今日一倍以上。

(2) 以收阳为标准。

(3) 前期股价以横盘或小幅上扬为主，收益 10% -30%。

2. 次日上升阻力位

如明日此股价运行到此价位，可短线抛出，可在当日最高价卖出。

卖出条件：

(1) 成交量基本平稳。

(2) 明日此股在此位形成阻力，没有上升到次日上升突破价位。

(3) 如此阻力位近几日数值不断上移，可先不考虑卖出。

操作建议：短线明日符合条件可卖出，如想再买入，可在下跌支撑价购入。

3. 次日下跌支撑价位

如明日此股价下跌至此价位，可考虑买入。

买入条件：

(1) 成交量变化不大。

(2) 股价运行比较平稳。

操作建议：

可在明日此价位吸纳，短线为主。

特别注意：如此价位支撑连续三日下移则先不买入，可能还会更低。

4. 次日下跌反转价位

如明日此股下跌最低价超过此价位，则逢高出货。

操作建议：

如果明日此股下跌突破此价位，则逢高出货。

特别注意：如在底部突破此价并放量，可考虑买入，可能就是底部价。

5. 次日开盘心理价位

如明日开盘价在此周围，则考虑在 1 日 -2 日之间高抛低吸，如相差较大，则可能此股有上、下行情产生，可参考其他几个数值。

（十一）K 线看盘

K 线图以其直观、立体感强的特点而深受投资者欢迎。实践证明，精研“K 线图”可以较准确地“预测”后市走向，也可以较明确地“判断”多空双方的力量对比，从而为投资者决策提供重要参考。

K线图由开盘价、收盘价、最高价、最低价四个价位组成，开盘价低于收盘价称为阳线，反之叫阴线。中间的矩形称为实体，实体以上细线叫上影线，实体以下细线叫下影线。K线可以分为日K线、周K线、月K线，在动态股票分析软件中还常用到分钟线和小时线。K线是一种特殊的“市场”语言，不同的形态有不同的含义。每种周期，都“告知和下达”买卖指令给每一位投资者。

1. K线基本形态应用

从每日的K线图的形态上，可以作出以下大致的判断：

（1）大阳线，表示强烈涨势。

（2）大阴线，表示处于大跌态势。

（3）多空交战，先跌后涨，多头势强。

（4）多空交战，空头略占优势，但跌后获得支撑，后市可能反弹。

（5）多空交战，多头略胜一筹，但涨后遭遇压力，后市可能下跌。

（6）多空交战，先涨后跌，空头势强。

（7）后转信号，如在大涨后出现，后市可能下跌；如在大跌后出现，则后市可能反弹。

（8）反转试探，如在大跌后出现，行情可能反弹；如在大涨后出现，则应保持冷静，密切注意后市之变化。

（9）表示多头稍占上风，但欲振乏力，后市可能下跌。

（10）先上涨后下跌，空头略占上风。

（11）俗称大十字，表示多空激烈交战，势均力敌，后市往往有所变化。

（12）小十字，表示狭幅盘整。

应该注意的是，单个K线的意义并不大，而应该与“前一天”的K线及“后一天”的K线作比较才具有意义。综合K线形态，其代表的多空力量有大小之差别；以十字线为均衡点，或代表多方力量最强（空方力量最弱），或代表空方力量最强（多方力量最弱）。

2. K线图应用时机

若“大阳线”出现在盘整或股价“下跌趋势”末期时，代表股价可能会开始“反转”向上。

若“大阴线”出现在盘整或股价“上涨趋势”末期时，代表股价可能会开始“反转”向下。

出现极长下影线时，表示买方支撑力道强。因此若此种K线出现在股价下跌趋势末期时，再配合大成交量，表示股价可能反弹回升；若此种K线出现在股价上涨趋势末期或高档盘整期时，再配合大成交量，表示主力大户可能盘中卖，盘尾拉，应注意卖出时机。

出现极长上影线时，表示卖压大。因此，若此种K线出现在股价上涨趋势末期时，再配合大成交量，表示股价可能一时难以突破，将陷入盘整，甚至回跌。

十字线可视为反转信号，若此种K线出现在股价高档时，且次日收盘价低于当日收盘价，表示卖方力道较强，股价可能回跌；若此种K线出现在股价低档时，且次日收盘价高于当日收盘价，表示买方力道较强，股价可能上扬。

3. 应用时的注意事项

因为K线仅就股票价格来分析涨跌趋势，所以应用时，应配合成交量观察买方与卖方强弱状况，找出股价支撑与压力区。

每日开盘与收盘价易受主力大户影响，因此，也可参考周K线图，以每周初开盘，每周末收盘，每周最高价，每周最低价绘制。因为主力、大户较难全盘“影响”一周走势。

4. 利用单根K线判断大盘走势

单根K线幅度在3%以上才有实用价值，低于3%可忽略。5%以上往往是“中级”行情的开始，前两天站稳10日均线之上，第三天买进成功率是80%。此外，还有双日K线的图形、三日K线的图形，以及下降图形等，这里就不再赘述。

5. 利用K线走势图判断操作股票

一根根K线，通过炒股软件显示出K线图形，从中可以看出股市的“走势”及“趋势”。

(1) 上升趋势K线图

上升趋势是股价震荡一路上升，K线呈现多头排列。

一般情况下，当5日、10日、30日均线向上呈多头排列时，股价一般都是沿着5日、10日、30日线的上方而运行。当5日均线上穿10日均线形成金叉，发出买入信号，股价上涨。同时要注意移动平均线中30日均线的支持和压制作用。30日均线在5日均线和10日均线下方运行，大盘及个股的股指、股价受到支撑，股指、股价基本形成上升趋势。30日均线在5日均线和10日均线上方运行。大盘及个股股指、股价受到压制。股指、股价基本形成下降趋势。

沪市大盘2009年1月中旬开始为“多头排列”向上状态（见图三十七）。

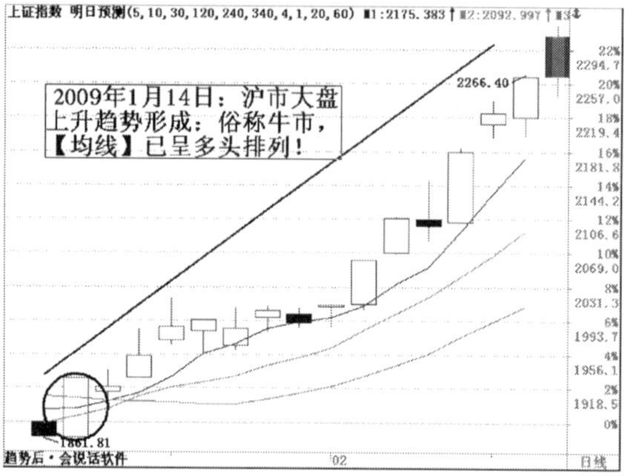

【多种均线交叉向上时，就是“买一招”的开始】

图三十七

（2）下降趋势K线图

下降趋势是股价震荡一路下降，均线呈“空头排列”向下之势。一般情况下，当5日、10日、30日均线向下呈空头排列。股价一般都是沿着5日、10日、30日均线的下方而运行。当5日均线下穿10日均线形成死叉，发出卖出信号，股价下跌。

沪市大盘2008年1月中旬开始为“空头排列”向下状态（见图三十八）。

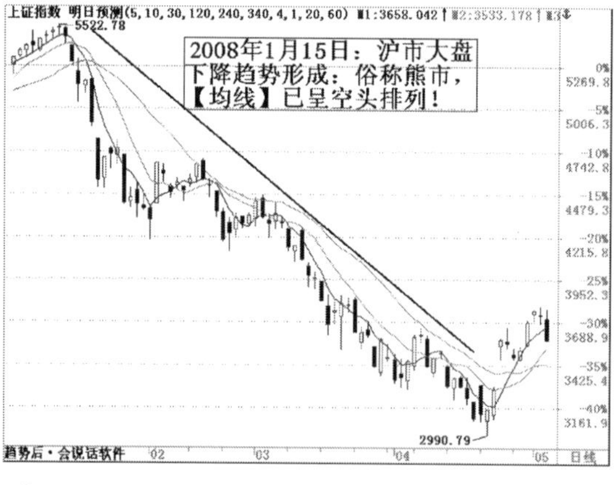

【多种均线向下交叉时，都是“卖一招”的开始】

图三十八

(3) 平衡趋势 K 线图

平衡趋势，俗称牛皮市或盘整市。

02 国债，在一段时期内，K 线形态均以小阴小阳或者十字星出现，股价波动很小（见图三十九）。

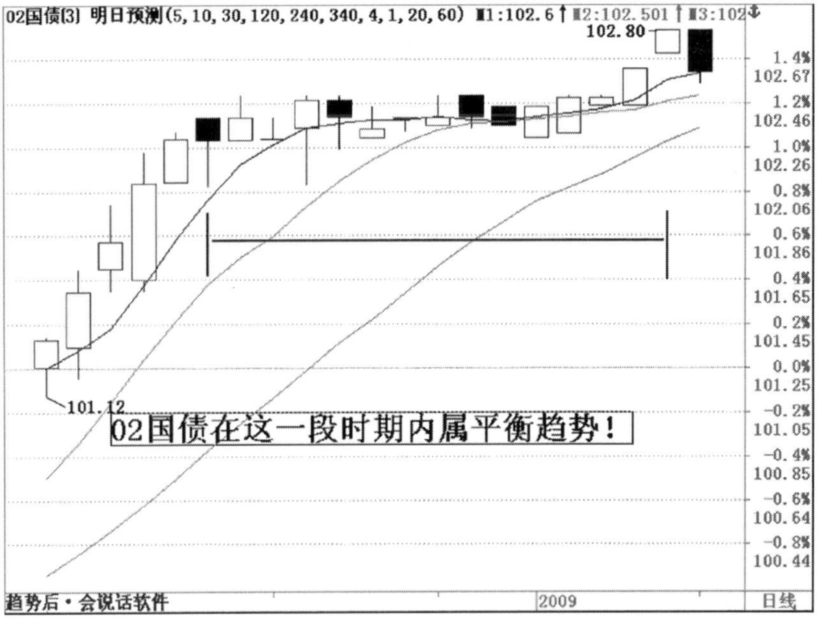

图三十九

（十二）移动平均线看盘

1. “移动平均线”的“买一招”

(1) 股价曲线由下向上突破 5 日、10 日移动平均线，且 5 日均线上穿 10 日均线形成“黄金”交叉，显现多方力量增强，已有效突破空方的压力线，后市上涨的可能性很大，是“买一招”时机。

(2) 股价曲线由下向上突破 5 日、10 日、30 日移动平均线，且三条移动平均线呈多头排列，说明多方力量强盛，后市上涨已成定局，此时是极佳的“买一招”时机。

(3) 在强势股的上升行情中，股价出现盘整，5 日移动平均线与 10 日移动平均线纠缠在一起，当股价突破盘整区，5 日、10 日、30 日移动平均线再次呈多头排列时为“买一招”时机。

（4）在多头市场中，股价跌破10日移动平均线而未跌破30日移动平均线，且30日移动平均线仍向右上方挺进，说明股价下跌是技术性回档，跌幅不致太大，此时为“买一招”时机。

（5）在空头市场中，股价经过长期下跌，股价在5日、10日移动平均线以下运行，恐慌性抛盘不断涌出导致股价大幅下跌，乖离率增大，此时为抢反弹的绝佳时机。

2.“移动平均线”的“卖一招”

（1）在上升行情中，股价由上向下跌破5日、10日移动平均线，且5日均线下穿10日均线形成“死亡”交叉，30日移动平均线上升趋势有走平迹象，说明空方占有优势，已经突破多方两道防线，此时，应是“卖一招”时机，抛持有的股票，离场观望。

（2）股价在暴跌之后反弹，无力突破10日移动平均线的压力，说明股价将继续下跌，此时为“卖一招”时机。

（3）股价先后跌破5日、10日、30日移动平均线，且30日移动平均线有向右下方移动的趋势，表示后市的跌幅将会很深，应迅速用“卖一招”手法，抛持有的股票，离场观望。

（4）股价经过长时间盘整后，5日、10日移动平均线开始向下，说明空方力量增强，后市将会下跌，应用“卖一招”手法，抛持有的股票，离场观望。

（5）当60日移动平均线由上升趋势转为平缓或向下方转折，预示后市将会有一段“中级下跌”行情，此时应用“卖一招”手法，抛持有的股票，离场观望。

（十三）“趋势及趋势线”看盘

趋势在“市场”中的表现，就是大众的合力导致一段时间内，不可抗拒的“发展”方向。许多人希望了解的是“趋势”是如何产生的？政策、经济、企业的发展变化，投资大众的心理“趋向”都可能导致趋势的产生与壮大，“趋势”有大与小之分，大则数年数十年，小则数日，更小的趋势则没有研究的必要。虽然许多人“数浪”喜欢用5分钟K线，但是我个人认为关注过于细小的东西，容易忽略更大的趋势。

大多数人关注的是“趋势”的开始与结束，但是我认为更重要的是关注“趋势”的确认与延续，也就是说减少走到“趋势前面”的冲动，跟随“趋势”，服从“趋势”，这样才能长期稳定地获利。对于大多数投资者来说相对于“市场”可谓“沧海一粟”，无法成为“趋势”的缔造者，走在“趋势”前面的结果，往往是首先被旧的“趋势”吞没。

趋势及趋势线：炒股者都知道“趋势及趋势线”，也有很多人按照“趋势及趋势线”去买卖股票。但许多人只是停留在理论和画趋势线上，对实际的买卖点却无法把握。很多人知道在上升趋势中，可是却想不到买，找不到买入点位。趋势是“价格”的直接表现，任何人，无法在“下跌时”做多赚钱；无法在“上涨时”放空获利。

那么，如何来判断趋势呢？或者是否有一种很好很简单的趋势判断方法和具体买卖以及仓位布置和止损的办法呢？

1. 怎么判断“短期趋势”。如短期趋势上升，就要先来找“短期低点”。短期低点就是日线低点的两旁出现较高的低点。从短期低点向上就是短期趋势上升。“短期趋势”下降也同理。

2. 怎么判断“中期趋势”。中期趋势的判断要复杂一点，但也不难懂。中期上升有以下几种：

（1）上升力度最强的。即直线上升的中期趋势如何去判断，应注意以下几点：

①上升的幅度和上升的时间，可以先对前期的一段中期上升的幅度计算后平均一下，只要这次在3天内涨幅平均超过30%，就可以判断中期趋势来了。

②怎么才算直线上升。上升过程中找不到短期高点，也找不到短期低点的，就是直线上升。结合这两种情况就可以判断直线上升的中期趋势。当然，这里有一个例外就是每天小涨，但却几乎天天涨，可以根据6天以上涨幅超过30%，来判断这种趋势。

（2）上升力度次之，有三个或三个以上短期低点的，也就是震荡上行的，每次的短期低点都比前面的一个短期低点高。

但是，这里要注意的是，遇到短期高点怎么理解？

①短期高点也是不断上升的，这种走法是最强的。

②形成中期高点（一个高点两边有较低的短期高点，这个高点就叫中期高点），因为一旦中期高点形成后，会对价格有向下的牵引作用，所以它的力度次之。

③短期高点一个比一个低或者持平。这样上升的力度和下跌的力度几乎相当，于是形成整理，上升的力度就最弱。

（3）中期上升趋势中最弱的是出现中期低点。

中期低点就是低点附近有两个较高的短期低点，那么这个低点就是中期低点。

（4）中期上升趋势还可以结合周线图形来判断。周线形成短期向上，可以判断是中期向上。如果周线中期趋势向上，就可以判断是长期趋势转为上升。

周线趋势如何判断，和日线是一样的。但是要特别注意的是，周线发出的信号往往慢于日线，所以应该以日线趋势为主。

3. 怎么判断“长期趋势”。这里也有几种方法。

（1）有两个或两个以上的“中期”低点出现，且低点是不断抬高的。

（2）出现长期低点。长期低点就是低点两边有较高的中期低点，那么这个低点就是长期低点，长期低点形成后就转为长期上升趋势。

（3）周线形成“中期”趋势。

对于股价而言，无非就是一个“低点”到一个“高点”，上升变为下跌，无限循环。那么如何通过这些“趋势”来布置仓位确定买卖点、止损等则是炒股者最重要的事情。

（十四）怎样判断庄家锁定了筹码，建仓进入尾声

在股价走势中，一般具备了下述特征之一，就可初步判断庄家锁定了筹码，建仓已进入尾声。

1. 很小的成交量就能拉出长阳或封涨停。庄家进场吸货经过一段时间的收集，如果用很少的“资金”就能轻松地拉出涨停，就说明庄家的筹码收集工作已近尾声，具备了控盘的能力，可以随心所欲地控制盘面。

2. K 线走势我行我素，不理会大盘而走出“独立”的行情。有的股票，大盘涨它不涨，大盘跌它不跌，这种情况通常表明大部分筹码已落入庄家囊中。当大势向下，有浮筹砸盘时，庄家便把筹码托住，封死下跌的空间，以防廉价筹码被人抢了去；大势向上或企稳，有游资抢盘时，庄家由于种种原因此时仍不想发动行情，于是便会出现凶狠的砸盘，封住股价的上涨空间，不让短线热钱打乱炒作的计划。此时股票的“K 线形态”就会横向盘整或沿均线小幅震荡盘升。

3. K 线走势起伏不定而分时走势图剧烈震荡，成交量极度萎缩。到了收集末期，庄家为了清洗掉短线获利盘，打击散户的持股信心，会用少量筹码做图。从日 K 线看，股价起伏不定，一会儿到了浪尖，一会儿到了谷底，但股价总是冲

不破箱顶，也跌不破箱底，当天分时走势图上更是大幅震荡。委买、委卖之间价格差距也非常大，有时相差几分，有时相差几毛，给人一种莫名其妙、飘忽不定的感觉。成交量极不规则，有时几分钟才成交一笔，有时十几分钟才成交一笔，分时走势图画出横线或竖线，形成矩形，成交量也极度萎缩。上档抛压极轻，下档支撑有力，浮动筹码极少。

4. 遇利空打击，股价不跌反涨，当天虽有小幅无量回调，但第二天便收出大阳，股价迅速回复到原来的价位。突发性利空袭来时，庄家措手不及，散户筹码可以抛了就跑，而庄家只能兜着。于是从盘面上看到利空袭来当天，开盘之后抛盘很多而接盘更多，不久抛盘减少，股价企稳。由于害怕散户捡到便宜的筹码，第二天股价又被庄家早早地拉升到原位。

（十五）“成交量”看盘

“量”之重要，其一在“势”。高位之量大，有下落之能；低位之量大，有上涨之力。因为市场就是各方力量相互作用的结果。虽然说成交量比较容易做假（主力对倒），控盘主力常常利用广大散户对技术分析的一知半解而在各种指标上做文章，但是“成交量”仍是最客观的要素之一。成交量的五种形态：

1. 缩量。缩量是指市场成交极为清淡，大部分人对市场后期走势十分认同，意见十分一致。这里又分两种情况：

（1）市场人士都十分看淡后市，造成只有人“卖”，却没有人“买”，所以急剧缩量；

（2）市场人士都对后市十分看好，只有人“买”，却没有人“卖”，所以急剧缩量。

缩量一般发生在“趋势”的中期，大家都对后市走势十分认同，下跌缩量，碰到这种情况，就应坚决出局，等量缩到一定程度，开始放量上攻时再买入。同样，上涨缩量，碰到这种情况，就应坚决买进，坐等获利，等股价上冲乏力，有巨量放出的时候再卖出。

2. 放量。放量一般发生在市场趋势发生转折的转折点处。市场各方力量对后市分歧逐渐加大，在一部分人坚决看空后市时，另一部分人却对后市坚决看好，一些人纷纷把家底甩出，另一部分人却在大手笔吸纳。放量相对于缩量来说，有很大的虚假成份，控盘主力利用手中的筹码大手笔对敲放出天量，是非常简单的事。只要分析透了主力的用意，也就可以将计就计。

3. 堆量。当主力意欲拉升时，常把成交量做得非常漂亮，几日或几周以来，成交量缓慢放大，股价慢慢推高，成交量在近期的K线图上形成了一个状似“土堆”的形态，堆得越漂亮，就越可能产生大行情。相反，在高位的“堆量”表明主力已不想玩了，在大举出货。

4. 量不规则性放大缩小。这种情况一般是没有“突发利好”或大盘“基本稳定”的前提下妖庄所为，风平浪静时突然放出历史巨量，随后又没了后音，一般是实力不强的庄家在吸引市场关注，以便出货。

成交量与股价之间的关系是一种相辅相成的关系。有时价在先，有时量在先，谁先谁后无统一说法。

（1）量增价涨——底部放量股价持续上升；

（2）量减价跌——高位缩量股价持续下跌；

（3）量增价跌——高位放量股价持续下跌；

（4）量减价涨——量减价涨股价面临调整。

这里要说明的是股价“上涨”一定要有量配合，股价“下跌”不要量的配合。

成交量红色柱状表示：主力当日不断以二位数、三位数连续买进，或以一位数卖出，收盘时表示当日买气大于卖气（出货少，进货多），当日收盘价一般高于昨日收盘价。成交量绿色柱状表示：主力当日不断以三位数、四位数连续卖出，或以一位数、二位数买进，收盘时表示当日卖气大于买气（出货多，进货少），当日收盘价一般“低于”昨日收盘价。

上升趋势形成后，相对头部放量表示：以后股价、股指要“震荡上行”。

下降趋势形成后，相对头部放量表示：以后股价、股指要“震荡下行”。

无量“涨停”不是顶部，无量“跌停”不是底部。

当日放近期巨量，第二天股价反转。反转向下，较少见；反转向上，较多见。

以上对成交量的介绍，初入市的投资者可能一下“难以”理解，其实只要记住“5日均量线”上穿“10日均量线”，就有可能是一波行情的开始（当然必须配合另三种指标综合判断）。

（十六）“成交量与价格之间的相互关系”看盘

1. 确认当前价格运行趋势。市场上行或下探，其趋势可以用较大的成交量或日益增加的成交量进行确认。逆趋势而行可以用成交量日益缩减或清淡成交量进行确认。

2. 趋势呈现弱势的警告。如果市场成交量一直保持锐减，则警告目前趋势正开始弱化。尤其是市场在清淡成交量情况下创新高或新低，以上判断的准确性更高。在清淡成交量情况下创新高或新低应该值得怀疑。

3. 区间突破的确认方法。市场失去运行趋势时即处于区间波动，创新高或新低即实现对区间的突破将伴随成交量的急剧增加。价格得到突破但缺乏成交量的配合，预示市场尚未真正改变当前运行区间，所以应多加谨慎。

4. 成交量催化股价涨跌。一只股票成交量的大小，反映的是该股票对市场的吸引程度。当更多的人或更多的资金对股票未来看好时，他们就会投入资金；当更多的人或资金不看好股票未来时，他们就会卖出手中的股票，从而引起价格下跌。但是无论如何，这是一个相对的过程。也就是说，不会所有的人对股票"一致地"看好或看坏。但股票价格处于不同的价格区域，看好的人和看淡的人数会产生变化。比如市场上现在有 100 个人参与交易，某股价格在 10 元时可能有 80 个人看好，认为以后会出现更高的价格，而当这 80 个人都买进后，果真引起价格上升；股价到了 30 元时，先买入的人中可能有 30 个人认为价格不会继续上升，卖出股票，而最初看跌的 20 个人可能改变了观点，认为价格还会上升，这时，价格产生了瞬间不平衡，卖出的有 30 人，买入的只有 20 人，则价格下跌。看好、看淡的人数会重新组合并决定下一步走势。

大多数人都有一个错误的看法：股票成交量越大，价格就越涨。要知道，对于任何一个买入者，必然有一个相对应的卖出者，无论在任何价格，都是如此。在一个价格区域，如果成交量出乎意料地放大，只能说明在这个区域人们有非常大的分歧，比如 50 个人看涨，50 个人看跌；如果成交量非常清淡，则说明有分歧的人很少或者人们对该股票毫不关心，比如 5 个人看涨，5 个人看跌，90 个人无动于衷或在观望。

可以从成交量变化分析某股票对市场的吸引程度。成交量越大，说明越有吸引力，以后的价格波动幅度可能会越大。可以从成交量变化分析某股票的价格压力和支撑区域。在一个价格区域，如果成交量很大，说明该区域有很大的压力或支撑，趋势将在这里产生停顿或反转。可以观察价格走出成交密集区域的方向。当价格走出成交密集区，说明多空分歧得到了暂时的统一，如果是向上走，那价格倾向于上升；若向下走，则价格倾向于下跌。

可以观察成交量在不同价格区域的相对值大小，来"判断趋势"的健康性或持续性。随着某股票价格的上升，成交量应呈现阶梯性减弱。一般来说，股票相应的价格越高，感兴趣或敢于参与的人就相应越少。

成交量是价格变化的一个重要因素之一。但仅仅根据成交量，并不能判断价格趋势的变化，成交量是一个可能引起价格发生本质变化的因素，起催化剂的作用。

市场上有这样一种认识，认为个股或股指的上涨，必须要有“量能”的配合，如果是价升量增，则表示上涨动能充足，预示个股或股指将继续上涨；反之，如果缩量上涨，则视为无量空涨，量价配合不理想，预示个股或股指不会有较大的上升空间或难以持续上行。

成交量从来就是辅助性的，它不能作为直接决策的依据，很多人认为我们有意冷落“成交量”指标，这种想法是错误的。如果成交量的指标可以提高我们的投机效率，我们为什么不把它放在我们的工具箱里呢？相反如果它不能给我们带来效率我们又何必应用它呢？

成交量具有先天的滞后性，不要相信量在价先的说法。必须明确一点，成交量是价格的“衍生物”，市场资金是对价格的追捧——竞买或者竞卖形成了价格的波动，而不是对成交量的追捧。因此，成交量首要的功效在于甄别市场的容量和市场的流动性。除此之外，它对一些拐点有效性的验证存在一些功效，但是这种功效到底有多大，我们还不能从根本上加以确定。

尽管如此，我们依然欣喜地看到了一些事实，这些事实给了我们一些线索，但是乐观前面要加上谨慎两字。在一个拐点出现的时候，那么这个拐点的基准日，倾向于成交量萎缩。本人通过对 13 年来一些重要的大盘的转折点的研究，发现这种情况屡屡出现，其概率在 80% 以上。

这种情况说明当拐点降临的时候，市场人气是极端低迷的，市场中大多数的人心怀绞痛，他们在这个时刻对市场形成了一致性的看法，这种悲观情绪在肆意的蔓延，在不断地打击着每一个参与者，而这些参与者在市场中的表现就是被动性“拒绝交易”，这就是成交低迷的原因。但是一旦市场出现了转机，人们的眼球就会立刻被吸引过来。没有准备的人会吃惊，会关注，会等等看。经验丰富的人，会立刻介入，而职业交易人则会全仓而动。这样价格便会持续上升，直到观望的人介入，全仓者退出，而留在图表上的则是放大的成交量和远离拐点的价格。

（十七）如何观察成交量

股市中有句老话：“技术指标千变万化，成交量才是实打实的买卖。”可以说，成交量的大小，直接表明了市场上多空双方对市场某一时刻的认同程度。下面，笔者就两种比较典型的情况作一些分析。

1. 温和放量。指一只个股的成交量在前期持续低迷之后，突然出现一个类似“山形”一样的连续温和放量形态。这种放量形态，称作“堆量”。个股出现底部的“堆量”现象，一般就可以证明有实力资金在介入。但这并不意味着投资者就可以马上介入，一般个股在底部出现温和放量之后，股价会随量上升，量缩时股价会适量调整。此类调整没有固定的时间模式，少则十几天多则几个月，所以此时投资者一定要分批逢低买入，并在支持买进的理由没有被证明是错误的时候，有足够的耐心来等待。需要注意的是，当股价温和放量上扬之后，其调整幅度不宜低于放量前期的低点，因为调整如果低过了主力建仓的成本区，至少说明市场的抛压还很大，后市调整的可能性较大。

2. 突放巨量。对此种走势的研判，应该分作几种不同的情况来对待。一般来说，上涨过程中放巨量通常表明多方的力量使用殆尽，后市继续上涨将很困难。而下跌过程中的巨量一般多为空方力量的最后一次集中释放，后市继续深跌的可能性很小，短线的反弹可能就在眼前了。另一种情况是逆势放量，在市场一片喊空声之时放量上攻，造成了十分醒目的效果。这类个股往往只有一两天的行情，随后反而加速下跌，使许多在放量上攻那天跟进的投资者被套牢。

（十八）成交量温和放大的技术含量

成交量温和放大的直观特征就是量柱顶点的连线呈现平滑的反抛物线形上升，线路无剧烈的拐点。放量的水平应该在3% －5% 换手左右方为可靠、温和放大的原因是随着吸筹的延续，外部筹码日益稀少，从而使股票价格逐步上升，但因为是主力有意识的吸纳所以在其刻意调控之下，股价和成交量都被限制在一个温和变化的水平，以防止引起市场的关注。对“温和放量”的理解要注意三点：

一是不同位置的温和放量有着完全不同的技术意义，其中在相对低位和长期地量后出现的温和放量才是最有技术意义的。

二是温和放量有可能是长线主力的试探性建仓行为，也许会在之后出现一波上涨行情，但一般还是会走出回调洗盘的走势；也有可能是长线主力的试盘动作，会根据大盘运行的战略方向确定下一步是反手做空打压股价以在更低位置吸筹，或者在强烈的大盘做多背景下就此展开一轮拉高吸货的攻势。因此，最好把温和放量作为寻找的一个参考指标，寻低位介入。

三是温和放量的时间一般不会太长，否则，持续吸筹不容易控制股价也会引起市场注意。在不同时期参与市场的散户群体和散户心理也会有很大变化，所以一个实力主力介入个股的前期为了获取筹码，会采用多种操作手法，但温和放量无疑是其中最主要的一种手法。因此，一个长线庄股的走势中出现反复的温和放量也就不足为奇了。

（十九）巧用成交量的变化寻黑马

根据成交量的变化寻找想要投资的股票，是投资者首先应该考虑的。如果主力吸筹较为坚决，则涨时大幅放量、跌时急剧缩量将成为建仓阶段成交量变化的主旋律。尽管很多情况下，主力吸筹的动作会比较隐蔽，成交量变化的规律性并不明显，但也不是无踪可觅。一个重要的手段就是观察成交量均线。如果成交量在均线附近频繁震动，股价上涨时成交量超出均线较多，而股价下跌时成交量低于均线较多，则该股就应成为密切关注的对象。因为，这表明筹码正在连续不断地集中到主力手中。

需要注意的是，投资者从成交量的变化寻找“黑马”时，必须结合股价的变化进行分析。因为绝大部分股票中都有一些大户，他们的短线进出，同样会导致成交量出现波动，关键是要把这种随机买卖所造成的波动与主力有意吸纳造成的波动区分开来。我们知道，随机性波动不存在刻意打压股价的问题，成交量放出时股价容易出现跳跃式上升，而主力吸筹必然要压低买价，因此股价和成交量的上升有一定的连续性。依据这一原理，可以在成交量变化和股价涨跌之间建立某种联系，通过技术手段过滤掉那些股价跳跃式的成交量放大，了解真实的筹码集中情况。

成交量堆积是另一个重要的观察对象，它对于判断主力的建仓成本有着重要作用。除了刚上市的新股外，大部分股票都有一个密集成交区域，股价要突破该区域需要消耗大量的能量，而它也就成为主力重要的建仓区域，往往可以在此处以相对较低的成本收集到大量筹码。所以，那些刚刚突破历史上重要套牢区，并且在以下区域内累积成交量创出历史新高的个股，就非常值得关注，因为它表明新介入主力的实力远胜于以往，其建仓成本亦较高，如果后市没有较大空间的话，大资金是不会轻易为场内资金解套的。

但如果累积成交量并不大，即所谓“轻松过顶”，则需要提高警惕，因为这往往是原有主力所为，由于筹码已有大量积累，使得拉抬较为轻松。尽管这并不一定意味着股价不能创出新高，但无疑主力的成本比表面看到的要低一些，因此，操作时需要更加重视风险控制，股市整体走势趋弱时尤其需要谨慎。

需要指出的是，在主力开始建仓后，某一区域的成交量越密集，则主力的建仓成本就越靠近这一区域，因为无论是真实买入还是主力对敲，均需耗费成本，密集成交区也就是主力最重要的成本区，累积成交量和换手率越高，则主力的筹码积累就越充分，而且往往实力也较强，此类股票一旦时机成熟，往往有可能一鸣惊人，成为一匹“超级大黑马”。

（二十）价量分析和量比

都说成交量是唯一不骗人的，这话虽然不一定正确，因为庄家可以对倒买卖，自买自卖，但是相比来说，成交量要做假比较困难。成交稀少有两种可能：一是由于没有人气；二是由于庄家控盘度很高。成交量很大也有两种可能：一是抢筹码；二是多空分歧加大。而成交量是不断变化的，又如何去看呢？成交量的分析是和价格分不开的，我们称之为“量价关系”。量价关系一般有八种形式，或者说是八种规律：

1. 量增价平，转阳信号。
2. 量增价升，买入信号。
3. 量平价升，持续买入。
4. 量减价升，继续持有。
5. 量减价平，警戒信号。
6. 量减价跌，卖出信号。
7. 量平价跌，继续卖出。
8. 量增价跌，卖出观望。

量比是配合量价分析的一个不错的功能，它是开市后每分钟的平均成交量与过去5个交易日每分钟平均成交量之比。

1. 量比在0.8倍－1.5倍，则说明成交量处于正常水平。

2. 量比在1.5－2.5倍之间则为温和放量，如果股价也处于温和缓升状态，则升势相对健康，可继续持股，若股价下跌，则可认定跌势难以在短期内结束，从量的方面判断应可考虑停损退出。

3. 量比在2.5倍－5倍，则为明显放量，若股价相应地突破重要支撑或阻力位置，则突破有效的几率颇高，可以相应地采取行动。

4. 量比达5倍－10倍，则为剧烈放量，如果是在个股处于长期低位出现剧烈放量突破，涨势的后续空间巨大，是“钱”途无量的象征。“东方集团”、“乐山电力”在2007年5月份突然启动之时，量比之高令人讶异。

5. 量比达到20倍以上的情形基本上每天都有一两单，是极端放量的一种表现，这种情况的反转意义特别强烈，如果在连续的上涨之后，成交量极端放大，但股价出现“滞涨”现象，则是涨势行将死亡的强烈信号。当某只股票在跌势中出现极端放量，则是建仓的大好时机。

6. 量比在0.5倍以下的缩量情形也值得好好关注。其实严重缩量不仅显示了交易不活跃的表象，同时也暗藏着一定的市场机会。缩量创新高的股票多数是长庄股，缩量能创出新高，说明庄家控盘程度相当高，而且可以排除拉高出货的可能。缩量调整的股票，特别是放量突破某个重要阻力位之后缩量回调的个股，常常是不可多得的买入对象。

使用量比选购股票时，需要注意两点：

（1）已有巨大涨幅的情况下出现剧烈的放量，则值得高度警惕。某日量比达到10倍以上的股票，一般可以考虑反向操作。在涨势中出现这种情形，说明见顶的可能性大，即使不是彻底反转，至少涨势会休整相当长一段时间。在股票处于绵绵阴跌的后期，突然出现的巨大量比，说明该股在目前位置彻底释放了下跌动能。

（2）涨停板时量比在1倍以下的股票，上涨空间无可限量，第二天开盘即封涨停的可能性极高。在跌停板的情况下，量比越小则说明杀跌动能未能得到有效宣泄，后市仍有巨大下跌空间。当量比大于1时，交易比过去5日火爆；当量比小于1时，说明当日成交量小于过去5日的平均水平。

（二十一）均线、成交量结合看趋势

在技术分析领域里，移动平均线以它简洁明了的特点深受投资者的青睐。人们利用不同时期的移动平均线来指导操作，特别利用不同时期的移动平均线的排列来判断是多头市场还是空头市场（在西方国家一般认为股价在250日移动平均线以上为牛市。反之，股价线在250日移动平均线以下时为熊市），以便调整投资者的市场思维，实施不同的投资策略。而在选择买卖点时则运用“葛南维八法”。移动平均线的优缺点：

1. 优点。运用移动平均线理论，在买卖交易时，可以界定风险程度，将亏损的可能性降至最低；在行情趋势发动时，买卖交易可取得相当可观的利润；移动平均线的组合可以判断行情的真正趋势。

2. 缺陷。当行情牛皮盘整时，买卖信号过于频繁，投资者无所适从；移动平均线的最佳日数与组合，确定起来十分困难；仅靠移动平均线的买卖信号，无法给予投资者充足的信心，必须依靠其他技术指标的辅助，如成交量、股价、均线的共同作用。

为了投资者在运用移动平均线时能够扬长避短，发挥成交量、股价、均线三者的共同作用，发现股价突破、支撑和压力的有效性与均线的角度和成交量有关。根据这一原理，投资者可以较为有效地实施正确的买卖策略。股价突破移动平均线特别是向上突破移动平均线时，成交量必须放大。如果移动平均线的运行角度与股价的运行角度互反时，突破后的股价会有回抽的要求，当日成交量过大（当日成交量比前一日成交量放大3倍以上时），若当日收盘为中线特别是光头K线时，这种反抽会发生在次日或者第三日。

以上移动平均线对不同时期都有指导意义，只不过不同时期的均线的支撑压力不同而已。

（二十二）高氏看盘绝技

K线大法总结：

一看阴阳、二看长短、三看星、四看组合、五看均线、六看趋势、七看箱体、八看生命线、九看规律。

1. “常用技术指标”看盘

（1）K线

均线系统超短线操作：K线跌破3日均线，可减仓操作；3日均线向下拐头，可空仓持币观望。

短线操作：

K线跌破5日均线，可减仓操作；

5日均线向下拐头，可空仓持币观望。

中线操作：

K线跌破30日均线，可减仓操作；

30日均线向下拐头，可空仓持币观望。

长线操作：

K线跌破60日均线，可减仓操作；

60日均线向下拐头，可空仓持币观望。

（2）DIF

短线：日线DIF白线向下拐头，看周线（空仓操作）；

中线：周线DIF白线向下拐头，看月线（空仓操作）；

长线：月线DIF白线向下拐头，看季线（空仓操作）。

(3) MACD

超短线：MACD 红柱线比前一日 60 分时缩短，可减仓操作；

短线：MACD 红柱线比前一交易日缩短，可减仓操作；

中线：MACD 红柱线比前一交易周缩短，可减仓操作；

长线；MACD 红柱线比前一交易月缩短，可减仓操作。

(4) KDJ

日 KDJ 死叉，短线出局；

周 KDJ 高位死叉，中线出局；

月 KDJ 高位死叉：中长线出局；

大盘月 KDJ 向下，周 KDJ 向下绝对空仓休息。

同时，通过研究，在时间周期上亦有划分：

时间周期划分：

超短线：以 30 分时、60 分时为主，时间周期为 1 日 –5 日左右；

短线：以日线、周线为主，时间周期为 20 日 –30 日左右；

中线：以周线、月线为主，时间周期为 60 日 –120 日左右；

长线：以月线、季线为主，时间周期为 120 日以上。

2. 与庄家共舞

股市赢家无非有两类：

(1) 具有股价操纵能力的庄家；

(2) 掌握股市投资“规律”的散户高手。

下面，笔者仔细对这两类的情况作进一步分析。

庄家的特点：兵强（人员众多，分工明确）、马壮（资金雄厚，动辄数亿）、根红（与上市公司关系密切）。

获利方式：非常重视大势研判，在大盘相对低位，长期大量买进后市具有上升空间的股票。大盘一旦转好，即开始拉升，在市场被大幅炒高，散户买气旺盛之际悄悄把低价买进的股票在高位抛出，获得巨大利润。

散户高手的特点：

介入股市时间长，实战经验非常丰富；了解、掌握、执行股市规律；机动灵活，资金效率高。

获利方式：分析市场环境，采取适当的投资策略，只参与主力拉升阶段的股票，与多个庄家共舞，胜多负少，单笔盈利远远大于单笔亏损，从而取得极佳的战绩（短线高手的收益率往往是庄家的数倍）。由此可见，庄家的先天优势是我们想学也学不来的。所以，刻苦钻研、努力发现把握“股市规律”“与庄共舞”

就成了我们追求的目标。

3. 按股市的季节来操作

图四十是用“600872 中炬高新”走势图形象化的股市“春、夏、秋、冬”。那么在不同的股市季节具有不同的操作方法。

长线：绝不在春、夏季节卖出股票，绝不在秋、冬季节买进股票（指股市的春、夏、秋、冬）。

短线：绝不在上午“日出之后”卖出股票，绝不在下午“日偏西后”买入股票（指股市的上升、下降趋势）。

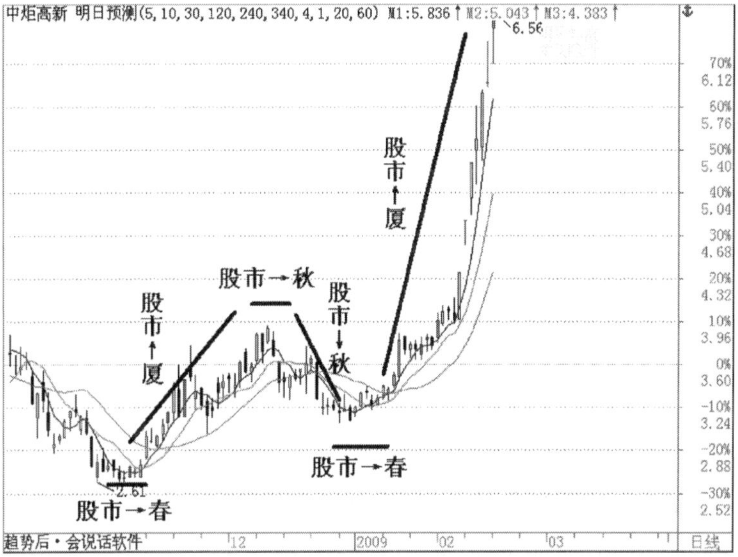

图四十

4. 短线操作要领

什么是短线投资？短线投资是股票上涨趋势中产生爆浪的高度浓缩，决不是随意的追涨幅榜、听消息、听股评，今日买、明日卖，套牢于中、长线。

短线高手万中挑一，非经严格、系统的专业训练多以亏损、失败告终。因此，我们必须有清醒的认识。同时，短线操作又是临盘实战操作的基础，波段、中线、长线的实战布局均建立在短线操作的基础之上。

波段、中线、长线努力将上涨趋势做定，而短线操作只做“上涨趋势”中的主爆浪，不参与上涨趋势中的中大级别调整，甚至于小级别的调整。

（1）操作果断

技术系统买卖信号出现后必须立即展开操作动作，绝对不允许有一丝一毫的犹豫、迟缓。

那么，进场原则是什么呢？出局的操作原则又是什么呢？其中关键是，无论出现哪一种信号，操作者都必须“无条件地坚决执行”出场信号指令。股票品种一般不允许超过3支。

（2）要快速选股。

5. 看懂不同走势图，你会赚更多的钱

首先，应注意循环阶段的位置：循环位置。

（1）只要目前该股处于上涨阶段的初中期，则无论其即时走势中该股盘如何波动，庄家如何玩弄花招，最终还是为了上涨。故所有卖出战术都是错误的。

（2）只要目前该股处于下跌阶段的初、中期，则无论其即时走势中该股盘如何波动，庄家如何玩弄花招，最终还是为了下跌。故所有买进战术都是错误的。

（3）目前该股处于盘底阶段的初、中期，则无论其即时走势中该股盘如何波动，庄家如何玩弄花招，最终还是为了盘底建仓。故观望、等待是最好的战术。

（4）目前该股处于盘头阶段的初、中期，则无论其即时走势中该股盘如何波动，庄家如何玩弄花招，最终还是诱多出货。故离场、休息是最好的战术。

请牢牢记住四个关键要素：

（1）均价线的运行方向。

（2）股价在盘中形成的最低、最高价前的进退反应。

（3）股价走势总体波动的趋势。

（4）昨天收盘和今天开盘价的阻力和支撑情况。

只要你能细心把握上面的原则和这里所讲的四大要素，那么，你动态看盘和操盘的艺术必将有一个巨大的飞跃。

6. 尾盘看盘技巧

在下跌的初期，一旦均线形成空头排列，这种价量俱增的尾盘发生在跌势末期，是反弹征兆。由于没有经过长期的横盘，这种仅反弹不宜看得太高。请注意：在运用尾盘技巧时，一定要分清股价的趋势和均线的方向、技术指标的位置，并进行综合分析。

（1）平均分布。就是指股票出现普涨普跌的现象，是判断尾盘走势必要的条件。如果涨势过度集中在某一类股票，特别是指标股，其他类股票可能在尾盘唱反调脱离大势；如果涨幅很平均，各类股票均有强势股，尾盘拉升基本成定局。

（2）下午2点半指数的位置。通常可以把2点半前分出盘中最高点和最低点并且取其中间值为参考点来确定。如果此时指数在中间值上方则尾盘仍以震荡区间或突破新高几率较大；若指数在中间值下方，则尾盘震荡走软创新低的机率较大。如果此时指数已经突破新高，尾盘还会有一番拉抬。反之，股指尾盘将杀跌。

尾盘看盘技巧：

股票尾盘指数在收盘前30分钟左右，庄家、机构喜欢在这30分钟进行操作：

（1）尾市理论是根据尾市效应会延伸到下个交易日，去推测股市短线的走势，用于短线操作的分析理论。

（2）根据尾市利空消息，进而预测开市就是跌市，一般十拿九稳。

（3）如尾市出现利好买入，次日冲高，获利即走，不要贪心。

尾盘是“多空双方”一日拼斗的总结，所以收盘价历来为市场人士所重视。“开盘是序幕，盘中是过程，收盘才是定论”。

尾盘的重要性，在于它处在一种承前启后的特殊位置，既能回顾前市，又能预测后市。

尾市收红，且出现长下影线，此为探底获支撑后的反弹，可考虑跟进，次日以高开居多。“买在最后一分钟”可避当日之风险。

尾市收黑，出现长上影线，上档压力沉重，可适当减磅，次日低开低走几率较大。

涨势中，尾市放巨量，不适合介入，次日开盘可能会遇抛压，故不易涨。跌势中尾市放巨量，乃恐慌性抛售所致，是大盘将跳空而下的讯号。

跌势中尾盘有小幅拉长，涨势中尾盘有小幅回落，此为修正尾盘，并无任何“实际”意义。

7. 分笔成交量分析有讲究

当股价呈现底部状态时，若“每笔成交”出现大幅跳升，则表明该股开始有大资金关注；若“每笔成交”连续数日在一较高水平波动而股价并未出现较明显的上升，更说明大资金正在默默吸纳该股，在这段时间成交量倒未必出现大幅增加现象。当我们发现了这种在价位底部的“每笔成交”和股价及成交量出现明显“背离”的个股时，应予以特别关注。当个股“每笔成交”超过平均水平50%以上时，我们可以认为该股已有庄家入驻。

一旦机构庄家入庄某股后，不获利一般是不会出局的。入庄后，无论股价是继续横盘还是呈现“慢牛”式的盘升，期间该股的“每笔成交”较庄家吸纳时是有所减少还是持平，也无论成交量有所增加还是萎缩，只要股价未见大幅放量拉升，就说明庄家仍在盘中。特别是在淡静市道中，庄家为引起散户注意还往往用“对敲”来制造一定的成交假象，甚至有时还不惜用对敲来震仓，若如此，“每笔成交”应维持在一个相对较高的水平。此时用其来判断庄家是否还在场内，十分灵验。

若股价放量大阳拉升，但“每笔成交”与其价量指标出现明显“背离”时，跟庄者应特别予以注意。同时，我们应该注意“每笔成交”金额（股价×每笔成交量）。

8. 新股上市时投资技巧

新股上市，一般指的是股份公司发行的股票，在证券交易所挂牌买卖。新股上市的消息，一般要在上市前十几天经传播媒介公之于众。新股上市的时期不同，往往对股票价格走势产生不同的影响，投资者应根据“不同的走势”，来恰当地“调整”投资策略。

新股上市时，投资者还应密切注意上市股票的价位调整，并掌握其“调整规律”。一般来讲，新上市股票在挂牌交易前，股权较为分散，其发行价格，多为按面额发行和中间价发行，即使是绩优股票，其溢价发行价格也往往低于其“市场”价格，以便使股份公司通过发行股票顺利实现其“筹款”目标。因此，在新股上市后，由于其价格往往偏低和需求量较大，一般都会出现一段“价位调整”时期。其价位调整的方式，大体上会出现如下的几种情况：

（1）股价调整“一次”性进行完毕，然后维持在某一合理价位进行交易。此种调整价位方式，系一口气将行情做足，并维持与其他股票的相对比值关系，逐渐地让市场来接纳和认同。

（2）股价一次性调整过后，继而回跌，再维持在某一合理价位进行交易。将行情先做过头，然后让它回跌下来，一旦回落到与其他股票的“实质价位”相匹配时，自然会有投资者来承接，然后依据供需状况来进行交易。

（3）股价调整到合理价位后，滑降下来整理筹码，再作第二段行情调整，回到原来的合理价位。这种调整方式，有涨有跌，可使申购股票中签的投资者卖出后获利再进。

（4）股价先调整到合理价位的一半或三分之二的价位水平，即予停止，然后进行筹码整理。让新的投资者或市场客户吸进足够的股票，再做第二段行情。此种调整方式，可能使心虚的投资者或心理准备不足的投资者减少盈利，但有利于富有股市实践经验的投资老手获利。

由此可见，有效掌握新股上市时的股价运动规律并把握价位调整方式，对股市的成功投资是不可或缺的。

9. 牛市投资技巧

所谓牛市，简单地讲，就是在宏观经济面向好的推动下整体行情看涨，买盘较多的市场状况。在这种市场现状下，由于大盘走势一般较为乐观，各种对市场的利好消息较为明朗。投资者在牛市中所应注意的操作要领大致有以下几点（如2005年12月上旬开始）：

（1）果断操作。购股坚决，选中即购，不可犹豫不决，此所谓机会就是利润，不可轻失。在消息面较为明朗，理性分析已经明确了投资方向和投资品种时，应立即购买。因为，在实行涨停板制度的牛市情况下，稍微的犹豫不决将会错过几个涨浪，而当再行购买时，利润率的余地就已经所剩无几。

（2）冷静操作。持股坚定，不唯小道消息和谣言所左右，牛市持股莫悔。在股票市场上，不论是牛市还是熊市，都会有漩涡，投资者必须辨别什么是陷阱，什么是机会。一般股民常被谣言所吓住，或见风即逃，或听谣即溜，错失了牛市的获利机会。在牛市里，难免有庄家操盘，一些机构为了使大盘能够上涨，在牛市发展到一段时期之后，往往会采取“震仓”手法，将一些持股意志不坚定的散户股民恐吓出市。在这种时候，投资者首先要明确庄家的意图，在确定了大盘的牛市走势后，应坚定信心，不为谣言所动，跟定牛市的走势，决不轻易出仓减仓，这是牛市获利的关键。

（3）集中操作。由于牛市总的行情是“上涨趋势”，市场利好，收益的概率相对较大。因此，要把资金相对地集中起来进行操作。应遵循利益最大化原则，将资金主力投向成长性较好的个股并且集中投资。有些股票的特征是“牛市牛涨，熊市熊跌”（通常是指那些股价不高，盘子较小的二线股），那么在牛市来临时，不妨逢低购入这些股票建仓。这是风险分散理论在实际行情下的特定运用，不可死守教条；当然也要以股种的选择策略较为正确为前提。

（4）分期操作。股市有言：牛久必熊，熊久必牛。初入牛市之时，行情看涨，投资者应尽量满仓。牛市持续一段时日之后，如果没有利空消息出台，牛市即将进入中期阶段，满仓者应及时调整股票，将资金向短期移动平均线向上移动且穿过长期移动平均线的个股，而且短期线的斜率越大越的个股作为选择的对象。一般来说，在牛市中只要在所谓“黄金交叉点”处购入个股，其利也稳，其益也丰。牛市发展了一段时日，行情一般将会出现转向，投资者应在预期收益率和实际收益率之间进行比较，结合行情利空和利好的实际状况，适当分批分期减仓，首先要减那些利润率已很高，上冲余地不大的个股，同时选择一些业绩稳健的绩优股，以回避风险。

10. 熊市投资技巧

所谓熊市，是指行情看跌，股价低靡，指数下挫，卖者较多的市场状况。熊市的操作根据老股民的经验应是将平时的选股指标反过来分析。当然，即使有了一定的分析，实际选择可以出仓的股票往往要比选择建仓的股票更为困难。因为，你选择购买它时，要经过认真考虑，而现在却要将它否定，当然难。但是，如果一旦“熊市大势”已定，曾经看好的股票也要重新考虑。因此，在熊市里，确定一条理念就是：“卖一招”为主，伺机而进。在这样的理念下，还要注意以下的操作要领：

（1）适当的休息和等待。在熊市里不要将大量的精力花在行情的关注上，而要将眼光更多盯住政策、行业、企业等市场背后的因素，为下轮的行情作准备。在熊市时应增加研究“趋势和市场”这方面的工作。

（2）根据市场热点的变化适时地调整股票，转移投资，增加绩优品种，剔除投机品种。总之，初期进行试探性地出仓；中期出仓坚决，不恋市不捂股；后期进仓果断，看准时机，赚取短期利益。但是，在大势未明之前，一般不宜贪利恋市，以持币旁观最为上策。否则，熊市意味着利益的损失。

（3）分期操作。熊市的初期，由于很多信息尚未明朗，一般应采取试探性调整的办法。即对一些持有量较大、价位尚在波动的股票逐步减磅出货。出货后如判断价格还会上升，不妨逢低适量吸纳。但对于一些价高利大的股票应坚决出仓，尤其是在熊市时期，它们将会顺势狂跌。熊市中期，一般的劣绩股都会原形毕露，这时，如果仓中还有这类股票，应果断地将其出清，调换那些下跌幅度较小、抗跌能力较强的股票。之所以这样操作，主要考虑到未来波浪的启动将是由这些股票来带动。熊市的谷底应考虑购进，一般果断地在熊市末期进仓的投资者往往是最大的赢家。

11. 下跌市道中不能犯的错误

（1）爱用相反理论。其实，在一轮大跌市中，90%以上的时间里大盘及大部分个股都在连续的震荡下跌中，剩下9%的时间是反弹和横盘，只有1%的时间才是物极必反、否极泰来的时候。但很多人（尤其是一些涉市不深的专业炒股人），动不动就是“市场已经恐慌了”、“大盘都要绝望了”，因此，被“大底来了”，可以进场买股票了等等的言论所左右。他们是在打一个只有1%概率的赌！相反理论其实是一个标准的“事后诸葛亮”式的理论，事后总结，任何人都觉得理所当然。但从经验看，我从未看到过我身边的人有准确应用过相反理论而成功过的！

（2）运用以前的经验。

（3）提前行动。下跌市中，对人性也是一种考验。面对连续的跌市，诱惑就来了。于是不等趋势逆转的信号就提前进场。结果是“手痒断手，脚痒断脚”。

（4）不放过任何波动。有人总以为，我是职业股民，连续空仓我来股市干嘛？于是天天盯着盘面，哪天一有红线便不能控制自己。其实熊市中的反弹只有大约10%的有操作意义，其余的反弹没有操作意义。没有经历过两轮以上熊市，尤其是2001年下半年跌市和2008年1月中旬跌市的人，是很难理解这句话的。

（5）总想在有反弹的时候再减镑，特别是总希望在反弹的最高点卖出。有这种想法的人脑子里根本没有止损的观念。其实这么做还是如上面说的，在做一个小概率事件。熊市中的一句名言：“任何时候抛都是正确的”。

12. 如何买“当天或次日”的涨停板

实战要点：

（1）涨停板主要有两种：一种是封涨停时主力的“买单”迅速跟上，天量封在“涨停价”上，全天不打开涨停。这是主力不让散户有买进时间，散户要想买进必须眼明手快，不能丝毫犹豫，这对散户的技术水平和看盘水平要求比较高；另一种是“勉强”涨停，但是封不死，时不时被打开，给人感觉很无力，按以往经验，这是主力在涨停板位置慢慢出货，即使收盘最后以涨停报收，第二天也走不了多高。但是，在超级牛市中，如果股价处在相对低位，第二种涨停的情况，非但不是主力出货，而是主力利用大家对涨停板的常规知识反向洗筹。这样的股票，在短时间的洗盘之后，往往会是中线大黑马。

（2）不能见涨停就追，能追的只有少数。大多数情况下，股票涨停就是为了拉出“出货”空间，也是说主力在边拉边出。出货顺畅，第二天随时变盘，出货不顺畅，第二天继续拉高出货。实战中，我们不可能及时知道主力的出货情况，所以见“涨停就追”的做法是不可取的。我们要追的，仅仅是一些在“底部形成突破时”的股票。

（3）把握追涨停板的最佳时机。

①涨停时间越早的比晚的好，早盘先涨停的比尾盘涨停的好得多。开盘前半小时内全天交易中“第一个封涨停”的就是最好的追涨目标，因为最容易吸引短线跟风盘的目光，并且在开盘不久就能涨停，本身也说明庄家是有计划进行拉高，不会受大盘当天涨跌的太大影响。这种股票“涨停”往往能封得很快，而且买单可以堆积很多，上午收盘前成交量就可以萎缩得很小，在下午开盘时就不会受到什么冲击，涨停封死的可能性就非常大。第二天获利也就有了保障。

尾盘拉涨停的股票一般不能追，主力庄家尾市做盘，目的一般是为了第二天能在高点出货。因为早盘涨停，即使散户买进，散户获利也不大，第二天的获利抛压也不会太大。但是尾盘涨停就不同，全天在涨停前买进的散户获利都相当大，第二天的抛压就会很重，风险就太大。

②涨停时换手率小的比大的好，换手率“超过30%”的一定不要追。

在大盘处于弱市和盘整市时，换手率不要超过5%。在大盘处于强势时，换手率不要超过15%，但无论在任何情况下，不能超过30%，包括涨停被打开后又被封住时换手率的情况。

③在低位盘整一段时间后，突然涨停的比连续上涨后，再拉涨停的好。

低位盘整的时间不能太短，要在一个星期以上，而且在盘整期间股价运行平淡，没有出现大阴大阳，这时候的突破往往给人的心理预期是突破后上涨空间打开，第二天的获利幅度会大一些；而对于超跌反弹的股票，由于反弹性质决定，高度不能预计太大，要保守一些。而连续上攻的股票，由于在低位买进的人可能随时抛出，形成大抛压，因此除非是在大牛市，否则追“涨停”的时候一定要小心。而对于庄家仓位比较重的股票，庄家由于出货需要，常常是在涨停后继续拉高出货，才能降低仓位，所以反而相对安全些。

④大盘趋势向下时，根本不要追涨停。在一般情况下，大盘破位下跌对庄家和追涨盘的心理影响同样巨大，庄家的拉高决心相应减弱，追涨盘也停止追涨，庄家在没有接盘的情况下，经常出现第二天无奈立刻出货的现象。因此，在大盘破位急跌时最好不要追涨停，风险远远大于收益。而大盘强势时，跟风盘的胆量很大，主力也更愿意做高一线，所以，追涨只能在大盘趋势向上时进行。

⑤有重大利好披露涨停的股票不要追。一般情况下，主力总是对上市公司的利好有先知先觉的能力，股价在利好出来之前已经被主力拉得很高，也就是说股价早就反映这个利好了。当利好公布时，散户由于消息的滞后，这时候去追涨停，正好给了主力高位出货的机会。

追涨停的操作要点：一是在你感觉到股票要涨停可以封死的时候，提前买进；二是涨停被突然的大单逐渐打破，破板后有“指2”下跌一点，在几分钟内又“迅速”封停的时候追进。第二天开盘后，只要股票在短时间内没有再次强势封停，就要及时锁定利润出局，即使后面涨得更多，也不要后悔。否则，你将因为过于贪心而丧失很多可以及时出局的机会，还可能被套。尤其是当时大盘很弱的情况下，及时抛出其实是很标准的回避风险的行为，是正确的，切切不可贪心。否则，被套就是不可避免的。

13. 补仓技巧

补仓是被套牢后的一种被动应变策略。补仓本身不是一个解套的好办法，但在某些特定情况下又是最合适的方法。股市中没有最好的方法，只有最合适的方法。只要运用得法，它将是反败为胜的利器；如果运用不得法，也会作茧自缚。因此，在具体应用补仓技巧的时候要注意以下要点：

（1）熊市初期不能补仓。有些投资者无法区分牛熊转折点怎么办？有一个很简单的办法：股价跌得不深坚决不补仓。如果股票现价比买入价低5%就不用补仓，因为随便一次盘中震荡都可能解套。要是现价比买入价低20% -30%以上，甚至有的股价被“腰斩”，就可以考虑补仓，后市进一步下跌的空间已经相对有限。

（2）大盘未企稳不补仓。大盘处于下跌通道中或中继反弹时都不能补仓，因为股指进一步下跌时会拖累绝大多数个股一起走下坡路，只有极少数逆市走强的个股可以例外。补仓的最佳时机是在指数位于相对低位或刚刚向上反转时，这时上涨的潜力巨大，下跌的可能最小，补仓较为安全。

（3）弱势股不补仓。特别是那些大盘涨它不涨、大盘跌它跟着跌的无庄股不能补仓。因为，补仓的目的是希望用后来补仓股的盈利弥补前面被套股的损失，既然这样大可以不必限制自己一定要补原来被套的品种。补仓补什么品种不关键，关键是补仓的品种要取得最大的盈利，这才是要重点考虑的。所以，补仓要补就补强势股，不能补弱市股。

（4）前期暴涨过的超级黑马不补。股市中曾经有过许多独领风骚的龙头，在发出短暂耀眼的光芒后，从此步入漫漫长夜的黑暗中。如：四川长虹、深发展、中国嘉陵、青岛海尔、济南轻骑等，它们下跌周期长，往往深跌后还能深跌，探底后还有更深的底部。投资者摊薄这股票的成本，只会越补越套，而且越套越深。

（5）把握好补仓的时机，力求一次成功，千万不能分段补仓、逐级补仓。首先，普通投资者的资金有限，无法经受得起多次摊薄成本操作。其次，补仓是对前一次错误买入行为的弥补，它本身就不应该再成为第二次错误的交易。所谓逐级补仓是在为不谨慎的买入行为做辩护，多次补仓，越买越套的结果必将使自己陷入无法自拔的境地。

究竟在何时可以补仓呢？一般来讲，股价走势有三大类型，分别是：上升势、下跌势与盘整。上升势的特点是一浪高过一浪，股价的底部与顶部都不断抬高；下跌势则与之相反，底部与顶部不断下挫，走势一浪低过一浪；盘整走势则意味着股价运动区间保持在一个范围，高点与低点基本不变。要补仓的话，应该选择在股价处于上升趋势或盘整态势时进行，这样获利有一定把握，如果选择股价呈下跌势时补仓，只会越补越套。如果在牛市末期买了价格过高的股票，在其一路下跌过程中去补仓的话，结果会是更惨。

14. “买一招、卖一招”止赢点及止损点

（1）选好介入点。只要选择好了良好的介入点，止损点与止赢点才能发挥理想效果。介入点一般来说应该是一个相对的趋势结束或一个相对的新趋势的开始。

（2）根据趋势来定义。根据长期先于中期，中期先于短期的原则，来设定止赢点和止损点。如果长期趋势走坏，那么中期止赢点与止损点要设置严格一些。相反如果长期趋势向好，那么中期止赢点与止损点可以设置宽松一些。

（3）根据自己擅长的技术分析方法设置好对应的具体点位。技术分析方法有多种多样，通常情况下通过移动平均线和趋势线确认支撑位和压力位，在此期间确定止赢点与止损点。这样，可以保证你能持续有效地定义点位。随便地，或者随机地去设置止损点与止赢点，还不如不设置。

（4）选好股票是关键。买股票要遵循一定的原则，这样可以在选股时免于盲目。近几年来，许多散户感到无奈，刚看好了行情和热点，一买进去就成了套牢一族，刚刚痛下决心割肉出局，大盘或个股又开始上涨。

【大趋势·会说话】

炒股软件实战应用

（一）【大趋势·会说话】炒股软件安装使用说明

光盘中包含“两个”可执行文件，分别为“趋势后软件”和“趋势网络引擎”，分别安装。安装完毕后，桌面上会多出“两个”快捷方式，分别是“趋势后——网络版”和“趋势后——专业版”。本软件正式版只可注册两台机器，软件要注册才可以无限次使用，安装前请致电 025－58829945 或 013851630611 索取软件“注册码”或者在您手中的光盘的内容中，已经包含了该软件的“注册信息”，通常都会以“文本形式”体现。

软件注册完毕后，就开始接收数据、补充数据和安装公式了，桌面上“专业版”和“网络版”两个软件使用时，从接收速度上来讲，建议使用【趋势后·专业版】，网络版可以作为备用，但切记不要同时打开，肯定否则，不能正常使用。

进入【趋势后·专业版】后，请先点击“管理”、“启动接收系统”后，再点击“确定”，这时请把光盘里提供的趋势软件引擎用户号和密码，填入相应的地方，点击“连接”就可以正常接收到数据，但里面的“K 线图”数据还不完整，只有当天一天的，只要选择【趋势后·会说话】炒股软件会员专用版里的“补充数据”选项，选择“日线历史数据”、 “全部”，再点击“开始补充”即可。

补充完毕后，请双击软件“管理”、“公式板块画线管理”，将鼠标放在左边的管理面板里，按鼠标右键，再点击导入公式，在“打开”里找到光盘的所在位置，选择“【高氏·大趋势·指标集】. ALG”双击，只要出现“确定”等肯定句，点击“确定”即可，这时软件基本安装完毕了，使用时只要将管理面版下“高氏大趋势指标集”里的指标在主图上选定，双击就可以使用了。

本软件为实时分析型软件，必须保证日线数据的完整性，开机后，必须点击“管理”、“启动接收系统”、“确定”，才能保证收到“当日实时”数据，如用户在多日内，不使用该软件，再次使用该软件时，必须补充数据，过程如下：依次点击软件“管理”、“启动接收系统”、“确定”、“管理”、“接收系统”、“补充数据”、“日线历史数据”、选择周期后点击“开始补充”即可。

开机后，画面出现：

1. 双击【大趋势·会说话】炒股软件专业版后，出现“基本行情”系统画面。

2. 单击最上面管理或按“Ctrl＋G”出现小画框，点击“启动接收”栏。

3. 点击“确定”后，再出现小画框，再点击“左下角”的“连接主站”，然后再点击主站地址，寻找离用户最近的主站。再点击右下角自动登陆。以后开机后，不需再天天寻找主站。

4. 开盘前三分钟，“右下角”出现数字变化，再点击“关闭窗口”，即完成。

（二）【大趋势·会说话】炒股软件特色技术指标说明

先点击软件的“管理”，后点击“公式板块/画线管理”，在软件左边，会出现相应的“管理面板”，在双击“管理面板”后，可以看到“高氏·大趋势·指标集”，根据“软件版本”不同，里面会有“若干组合”指标，具体如下：

【大趋势·会说话】炒股软件，是利用高科技的手段，将股市大盘及个股的趋势变化，准确、即时以动态的形式，自动转换成各种文字提示反映在K线图中。

有“三套”系统，供拥有者使用。

1. 股指、股价，在“相对低位”时，使用“波段系统”：

各种“高氏线”刚刚由“绿线”转变为“红线”时，统统会盘中自动给出“买进、卖出、减仓、空仓、小心见顶、小心洗盘、只卖不买、风险提示、只买不卖、盈利提示、市场提示、今日操作”等各类文字指令。

2. 股指、股价，在“相对高位”时，请使用“实时系统”：

明日预测：盘中：“红做多·绿做空”；某价位之上买进；某价位之上持股；某价位之下减仓；某价位之下空仓；某价位之下逃命等各类文字指令。

3. 专门为熊市行情及炒权证者和短线高手设制一套“熊市专用版”。特点是：每小时、每一日、每一周……各种周期，都下达不同的“文字”提示，给各类拥有者执行！

（三）【大趋势·会说话】炒股软件操作说明

应用中快捷键一览表（2009－01－01更新）快捷键：

F1　帮助系统

F2　切换到行情报价表（如果当前为行情报价表，则不起作用）

F3　选择指标（只在图形窗口中起作用）
F4　大盘指数切换（只在图形窗口中起作用）
F5　分时线、日线切换（只在图形窗口中起作用）
　　点数图中切换周期
F6　指标排序（在列表窗口中起作用）
F7　条件选股
F8　周期切换（在图形窗口中起作用）
　　板块切换（在列表窗口中起作用，用于切换市场板块和常用板块）
　　市场轮廓中切换周期
F9　查看接收到的交易所公告及财经报道
F10　基本资料
F11　复权处理/取消复权（只在图形窗口中起作用）
F12　第一套外挂自助委托
ALT + F12　第二套外挂自助委托
Tab　切换窗口
Alt + F4　退出大趋势系统
Ctrl + F1　在线帮助
Ctrl + F4　关闭当前子窗口
Ctrl + F6　系统指示（只在图形窗口中起作用）
Ctrl + F8　交易系统探索最佳参数
Ctrl + F9　交易系统全局优选（只在图形窗口中起作用）
Ctrl + F10　个股备忘录
Ctrl + A　预警系统
Ctrl + B　调用板块分析
Ctrl + D　数据管理
Ctrl + H　黄金分割主图坐标（只在图形窗口中起作用）
Ctrl + I　显示/不显示股票信息栏（只在图形窗口中起作用）
Ctrl + J　投资计算器
Ctrl + K　调用［添加模拟 K 线］
Ctrl + L　对数主图坐标（只在图形窗口中起作用）
Ctrl + M　启动/停止多图同列（只在图形窗口中起作用）
Ctrl + N　标准主图坐标（只在图形窗口中起作用）
Ctrl + O　弹出选项对话框

Ctrl + P　百分比主图坐标（只在图形窗口中起作用）
Ctrl + Q　缺省主图坐标（只在图形窗口中起作用）
Ctrl + S　输出图形（类似屏幕截图，可直接存成 bmp/gif 文件）
Ctrl + T　投资管理
Ctrl + W　列表窗口行情/财务数据切换（只在列表窗口起作用）
Ctrl + Y　10% 坐标的分时线（只在分时走势窗口起作用）
Ctrl + Delete　删除所有交易指示（只在图形窗口中起作用）
Ctrl + PgDn　自动换页/停止换页
Insert　加入到自选股
Delete　从板块中删除
Shift + I　显示/不显示移动成本分布（只在图形窗口起作用）
Shift + P　切换/取消鼠标在主图上平移画面功能（只在图形窗口起作用）
Shift + R　手工刷新（行情报价）
Shift + Q　切换窗口
Shift + S　选择证券
Shift + T　显示/不显示标准工具栏
Shift + U　全屏/窗口模式切换
Shift + W　显示/不显示公式/板块管理面板
Shift + X　显示/不显示画线工具栏
Alt + 1　只显示主图（只在图形窗口中起作用）
Alt + 2　显示主图和一个副图（只在图形窗口中起作用）
Alt + 3　显示主图和两个副图（只在图形窗口中起作用）
Alt + 4　显示主图和三个副图（只在图形窗口中起作用）
Alt + 5　显示主图和四个副图（只在图形窗口中起作用）
Alt + 6　显示主图和五个副图（只在图形窗口中起作用）
Alt + 7　显示主图和六个副图（只在图形窗口中起作用）
Alt + 8　显示主图和七个副图（只在图形窗口中起作用）
Alt + 9　显示主图和八个副图（只在图形窗口中起作用）
在图形分析窗口可用以下快捷键切换分析周期

0. 分笔成交	1. 1 分钟线	2. 5 分钟线
3. 15 分钟线	4. 30 分钟线	5. 60 分钟线
6. 日线	7. 周线	8. 月线
9. 年线	D. 多日线（用户自定周期）	

［nHOUR］为多小时线，n 为小时数

［nMIN］多分钟线（键盘精灵［nMIN］可切换到 n 分钟线）

［S］、［Sn］、［nSEC］为切换到多秒周期，n 为秒数

选择主图 K 线模式可有以下几种快捷方式：

K 蜡烛线　BAR 美国线　PRICE 价位线

TWR 宝塔线　GBL 鬼变脸　CNDEQV 压缩线

CNP 成交堆积　LCNP 线性成交堆积

WCNP 加权成交堆积　OX 点线图

［GANN］［江恩分析］　TPO 市场轮廓图

↑　K 线柱体放宽

↓　K 线柱体缩窄

←　十字光标线向左移动

→　十字光标线向右移动

图形窗口中无右信息栏时［+］、［-］分别为缩小、放大走势图；

Home　十字光标线向左移动到当前画面的最左边一条 K 线

End　十字光标线向右移动到当前画面的最右边一条 K 线

Ctrl+←　K 线向左移动

Ctrl+→　K 线向右移动

Ctrl+Home　K 线向左移动到最头

Ctrl+End　K 线向右移动到最尾

Ctrl+↑　当前活动副图切换到上一个副图

Ctrl+↓　当前活动副图切换到下一个副图

PageUp　上一券种

PageDown　下一券种

直接键入代码　如：600839 回车，即切换到四川长虹

直接键入技术指标名称　如：MACD 即切换到 MACD 指标

图形分析中［回车］键切换实时/历史走势（切换到上次显示的周期，不一定是日线）

图形分析按［Backspace］可向前回溯曾经看过的股票，按［Shift+Backspace］则向后；

支持“81—87”的快捷功能：

81　沪 A 综合排名　82　沪 B 综合排名

83　深 A 综合排名　84　深 B 综合排名

85　A股综合排名　　86　B股综合排名

87　基金综合排名　　89　是中小板快的涨跌幅排行。

支持“61—67”的快捷功能：

61　沪A涨幅排名　　62　沪B涨幅排名

63　深A涨幅排名　　64　深B涨幅排名

65　A股涨幅排名　　66　B股涨幅排名

67　基金涨幅排名

支持“31—34”的快捷功能：

31　涨速排名　　32　量比排名

33　成交额排名　　34　换手率排名

支持“01—06”及其他快捷功能：

01　成交明细　　02　分价分量

03　上证走势　　04　深证走势

05　分时/日线切换　　06　自选股

10　基本资料

51—59　前九个常用板块的快速切换（在键盘精灵中可以查看到你所设定为常用的那些板块的按键对应）

/对K线图窗口，可在常用指标间切换活动副图的指标。分时图下可用于切换分时副图。

板快的涨跌幅排行。

51—59　自定义板快的快捷键，可以自己设置。

*对K线图窗口，可以常用指标间切换活动副图的指标（与/反方向）。分时图下可用于叠加大盘走势。

+股票信息栏最下面小窗的内容在成交明细、分价表、买卖盘回忆、个股分时线、大盘分时线、个股财务数据、移动成本分布和逆时钟量价图间切换。

00　多图同列　　09　画线工具

[.1] 显示/隐藏右侧交易信息（图形分析）；

[.2] 所属分类板块

[.10] [.11] [.12] [.13] 分别为“取消标记”或“一级、二级、三级”标记；

鼠标双击行情列表中的股票将显示该股票的K线图。

支持鼠标的滚轮操作。

其他有关鼠标的操作请查阅帮助文档中“基本操作”和“功能菜单”这两节中的内容。

（四）【大趋势·会说话】炒股软件实战图解

沪市大盘：2008 年 11 月 7 日、2008 年 12 月 3 日、2009 年 1 月 15 日，2009 年 3 月 18 日，“日 K 线”图形形成了“四点一线”，股指上涨（见图四十一）。

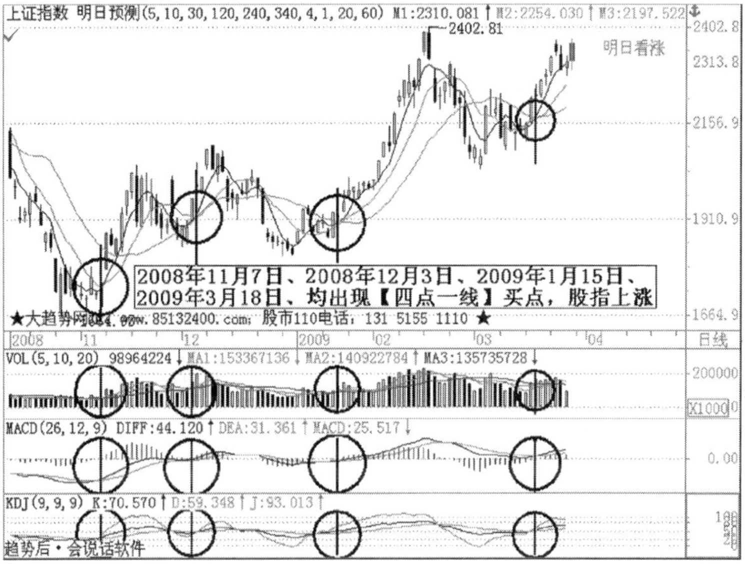

图四十一

沪市大盘：2003 年 11 月 20 日，“日 K 线”图形形成了“四点一线”，股指上涨 30% 左右（见图四十二）。

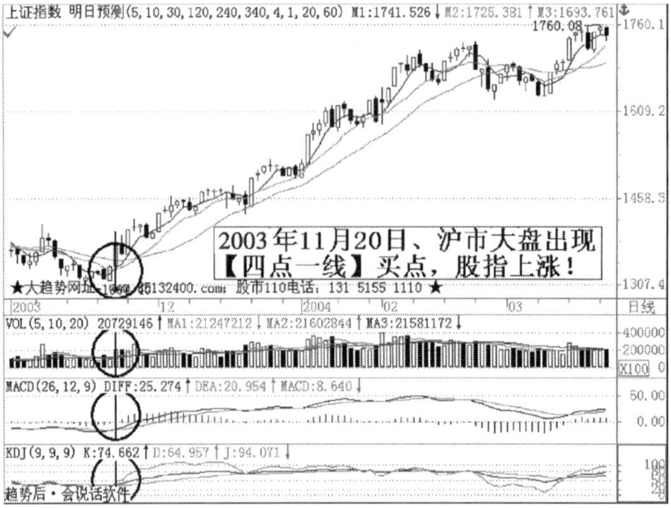

图四十二

沪市大盘：2003 年 11 月 28 日，“周 K 线”图形形成了“四点一线”股指上涨 30% 左右（见图四十三）。

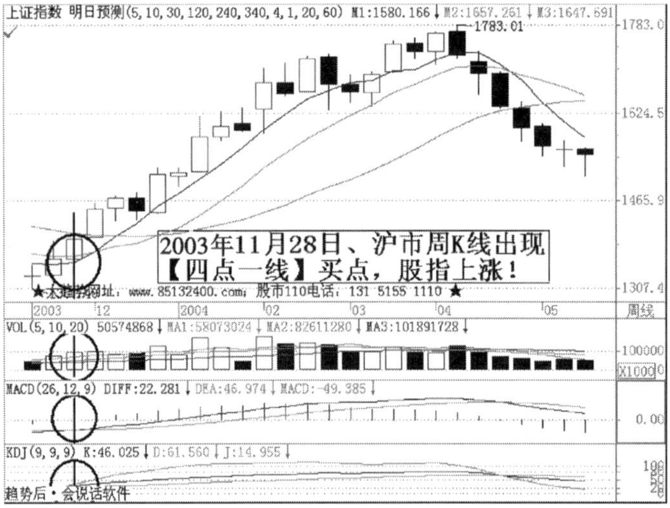

图四十三

沪市大盘：1996 年 9 月 20 日，“日 K 线”图形形成了“四点一线”股指上涨 50% 左右（见图四十四）。

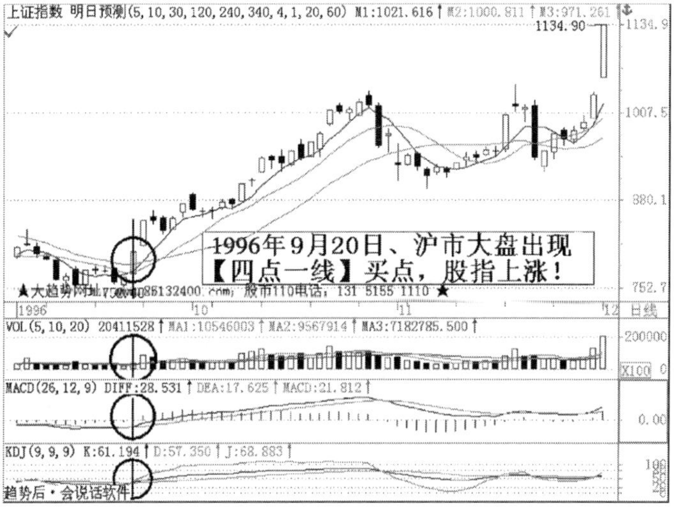

图四十四

沪市大盘：1999 年 5 月 20 日，“日 K 线”图形形成了“四点一线”股指上涨 50% 左右（见图四十五）。

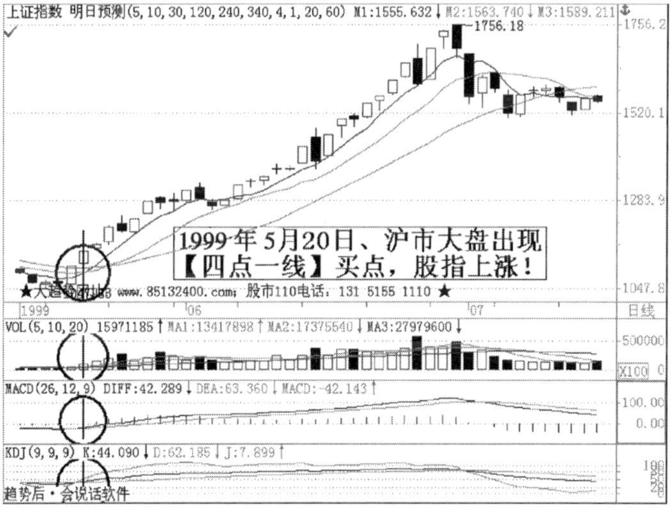

图四十五

沪市大盘：2005 年 12 月 30 日，“月 K 线”图形形成了“四点一线”股指上涨 350% 左右（见图四十六）。

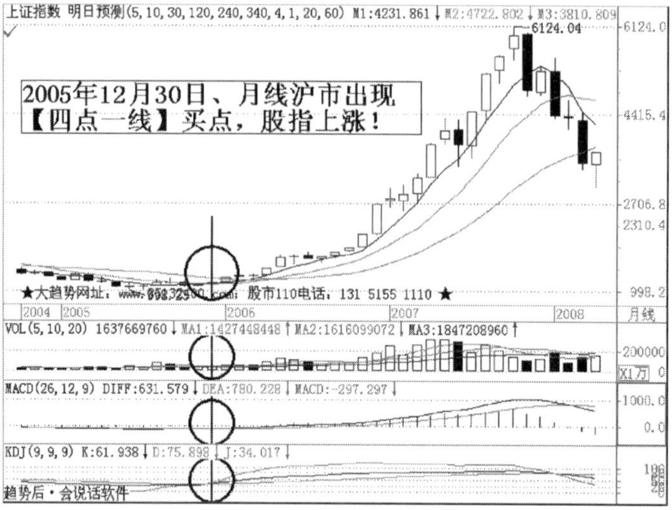

图四十六

深市大盘：2008 年 11 月 10 日、“日 K 线”图形形成了“四点一线”，股指上涨 30% 左右（图四十七）。

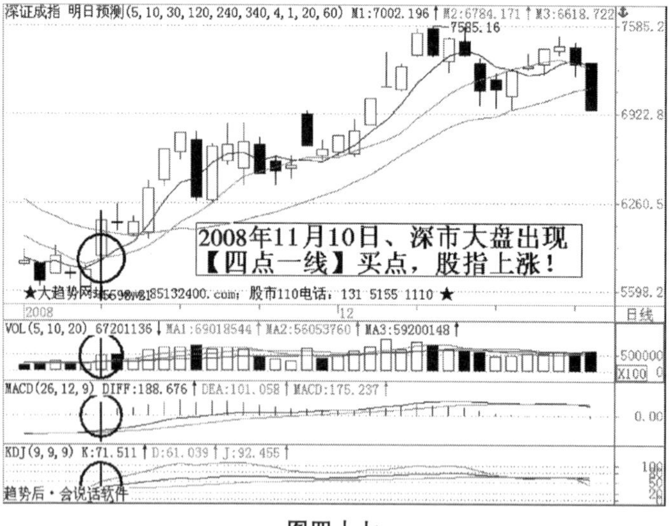

图四十七

沪市 B 股大盘：2008 年 11 月 7 日、“日 K 线”图形形成了“四点一线”，股指上涨 50% 左右（图四十八）。

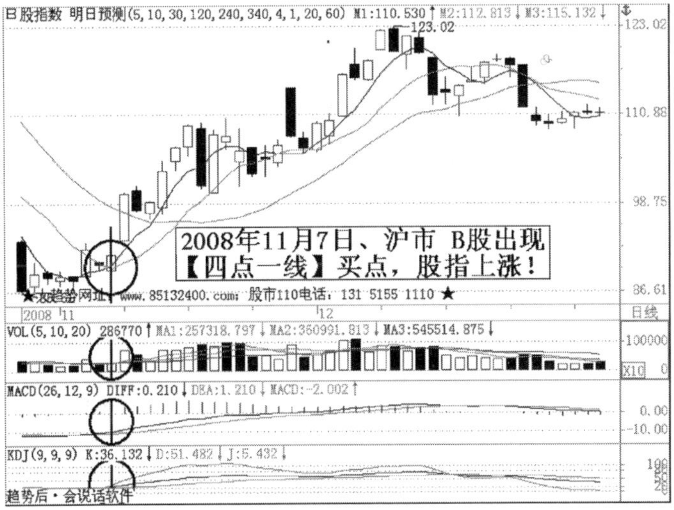

图四十八

基金指数：2008 年 11 月 7 日、2008 年 12 月 3 日、2009 年 1 月 6 日，“日 K 线”图形形成了“四点一线”，股指上涨 30% 左右（图四十九）。

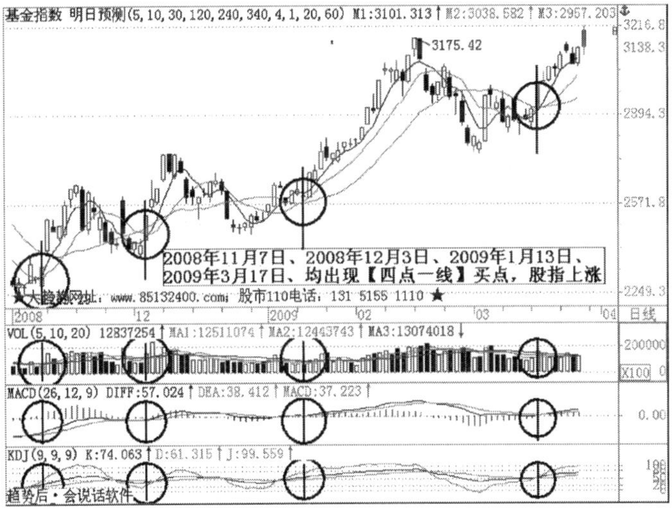

图四十九

580013 武钢权证：2008 年 11 月 5 日、2009 年 2 月 5 日、“日 K 线”图形形

成了“四点一线”，股价上涨80%左右（图五十）。

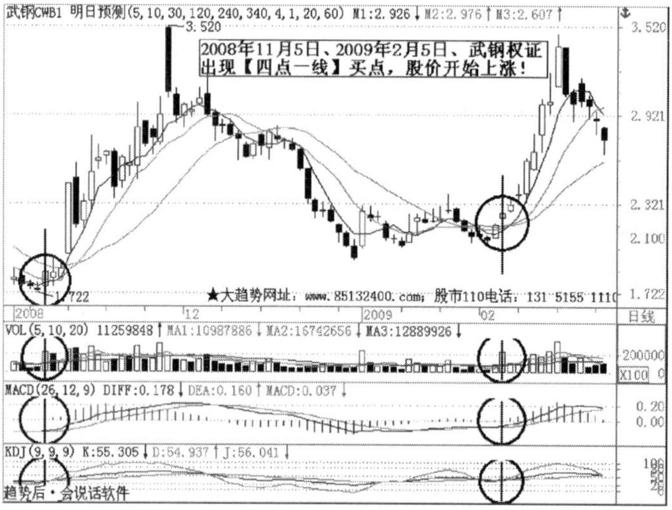

图五十

600500中国联通：2003年10月8日、“日K线”图形形成了“四点一线”，股价上涨80%左右（图五十一）。

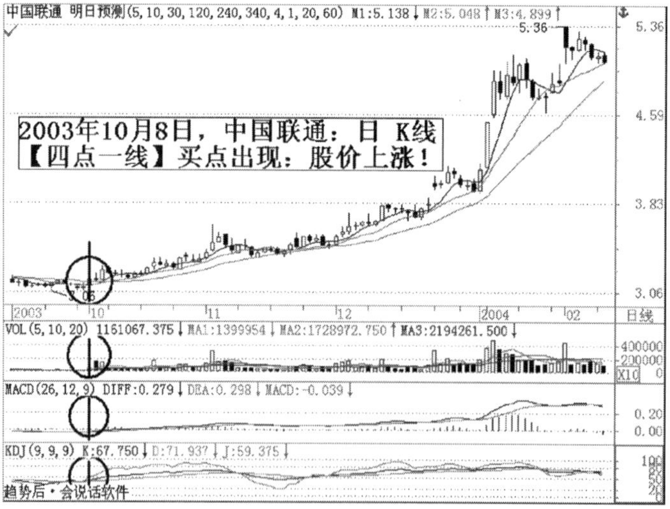

图五十一

600500 中国联通：2006 年 8 月 10 日、“日 K 线” 图形形成了 “四点一线”，股价一路上涨至 7.02 元才向下调整（见图五十二）。

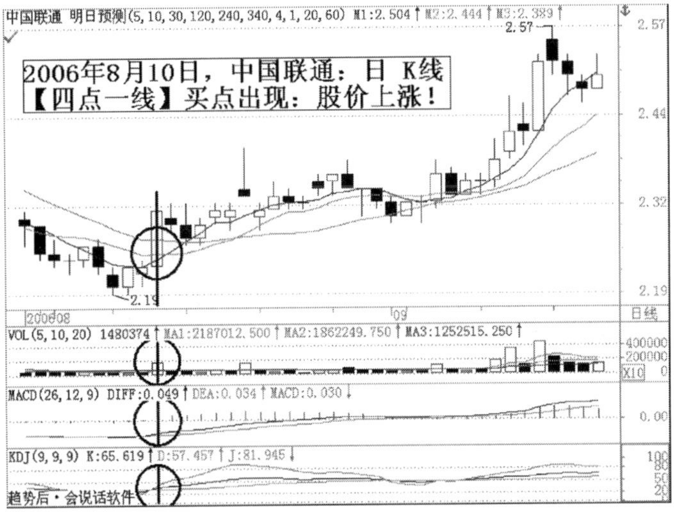

图五十二

600500 中国联通：2007 年 7 月 17 日、“日 K 线” 图形形成了 “四点一线”，股价上涨 100% 左右（见图五十三）。

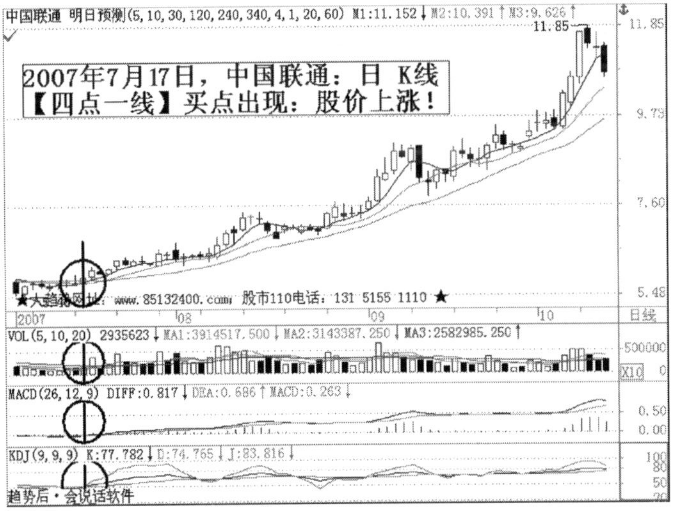

图五十三

600500 中国联通：2008 年 11 月 4 日、2009 年 1 月 23 日、2009 年 3 月 18 日，图形形成了“四点一线”，股价上涨 40% 左右（见图五十四）。

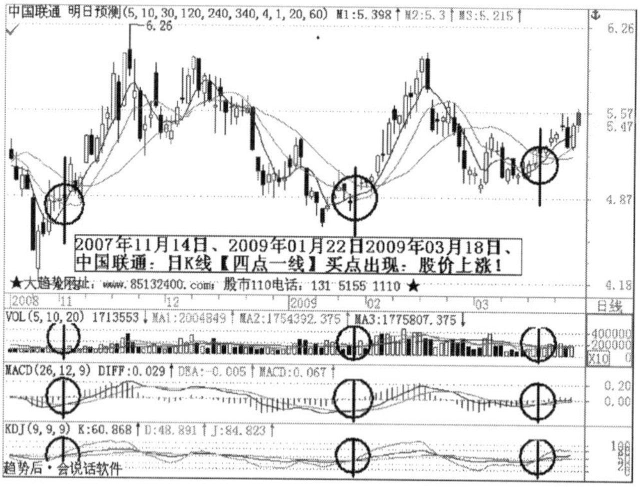

图五十四

图五十一至图五十四，以个股 600500 中国联通为例：不管是牛市还是熊市，只要有“四点一线”图形形成，股价就上涨！

沪市大盘：“月 K 线”图形，二十年共有五次形成“四点一线”图形（见图五十五），股价就上涨！

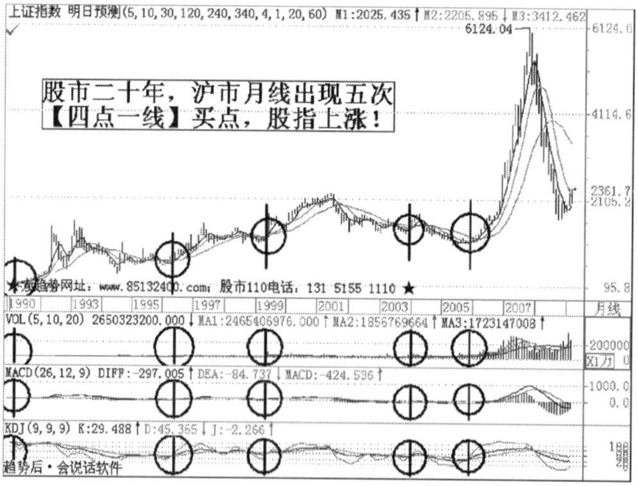

图五十五

小结：从图四十一至五十五十五幅走势图中出现的“四点一线”现象得出的结论是：不管是A股、B股、H股、基金、权证，大盘还是个股，从有股市出现之日起，股市一直是按照“自身规律”在运行。只要出现“四点一线”现象，大盘及个股就会上涨。

中国股市从1991年开始，每年都有一至三次“四点一线”现象在走势图中出现，每一次出现，都是一波较大的“主升浪”开始，股市政策年年有，有利好、有利空、有中性消息，但股市“上涨的规律”是一样的，不但A股如此、B股也如此、H股也如此……，是巧合吗？下面再看一看周K线图、月K线图，还是巧合吗？再看一看60分钟、30分钟……，请读者自己下结论吧！涨不一定是“四点一线”，但“四点一线”必涨，请读者自己去验证。

上证指数牛熊分界图（见图五十六）

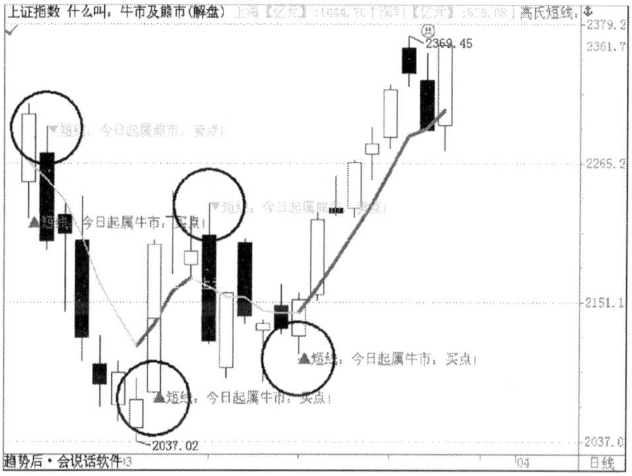

图五十六

炒股者都知道，股市有“牛市与熊市”之分，什么叫牛市？什么叫熊市？各人划分的方法不统一，有人认为，以“半年线”为分界线，股指站在“半年线”之上称为牛市，反之称为熊市；有人认为以“年线”为分界线，股指站在“年线”之上称为牛市，反之称为熊市。这样的方法，一般投资者仍然弄不清楚，我们通过十多年的实践后认为：股价站在“红色线段”（粗线）之上称为牛市，反之称为熊市，这样可以让各类投资者一目了然，一看就懂，一学就会，牢记心头。并用“文字”加以提示：今日起属牛市：买点！今日起属熊市：卖点！

上证指数箱体（波段）图（见图五十七）

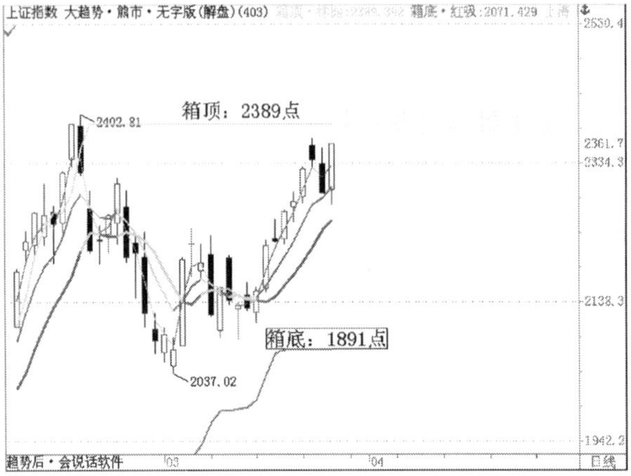

图五十七

“箱体（波段）”是指大盘或个股，总是在某一“相对高位”和某一“相对低位”之间运行的区间。因箱体划分的方法不同，一般投资人难以分清。同时，（波段）还有大、中、小之分。我们通过十多年实战，通过高科技手段，把以上的箱体（波段）通过软件程序化，自动反映在K线图中，并用“文字”加以提示，如图五十六所示：

相对部顶，出现“一根平行线”，并有数字出现：表示是箱顶（波段顶）。

相对底部，出现“一根平行线”，并有数字出现：表示是箱底（波段底）。

600003东北高科涨跌趋势图（见图五十八）

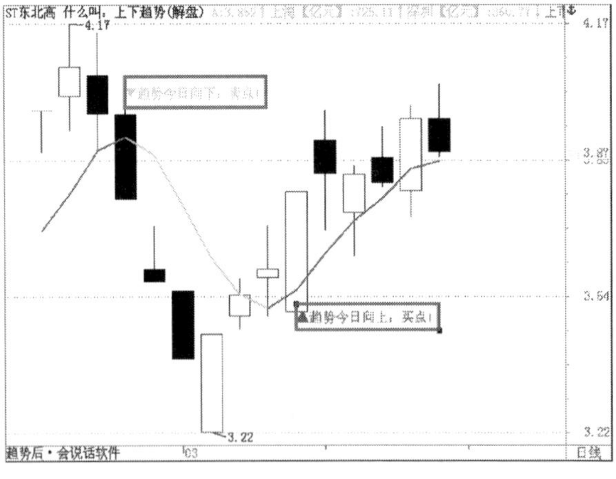

图五十八

600000 浦发银行涨跌趋势预测图（见图五十九）

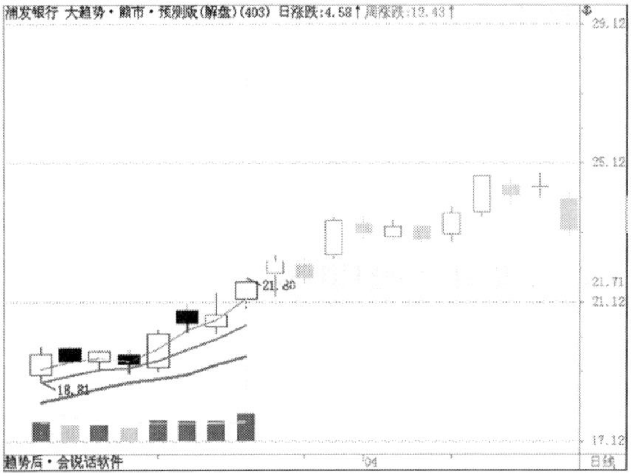

图五十九

“趋势”能不能预测？股市是“涨有涨”的规律，“跌有跌”的规律，一旦规律形成，是绝不以任何人的意志为转移，一旦向上、向下“趋势”形成，总有一个时间段。投资者都想知道下一周期“趋势”如何运行。通过大趋势软件表现的走势图形中的趋势线颜色的变化，即可给予提示。“趋势线”红色仍做多，“趋势线”一旦变绿即做空（图五十九中黑体实线代表红色，黑体虚线代表绿色）。

002133 广宇集团股价趋势线图（见图六十）

什么叫趋势线？是指在股价相对的“两个高点或两个低点”用一根直线连接而成的线。

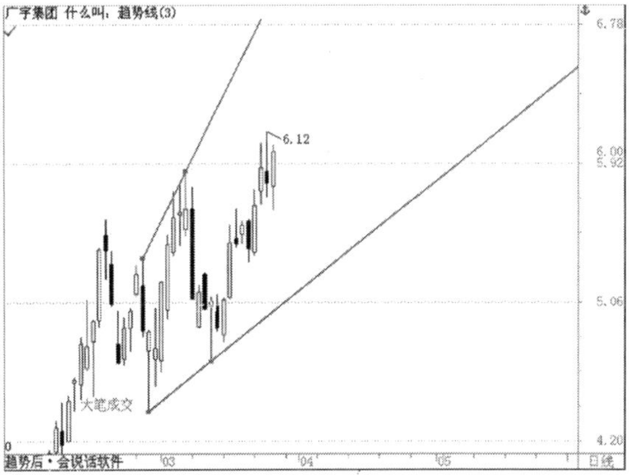

图六十

601111 中国国航股价走势图（见图六十一）

长线变绿，（粗线在上）不做短线；长线变红，（粗线在下）可做短线。也是所谓的“看长做短”操作法。

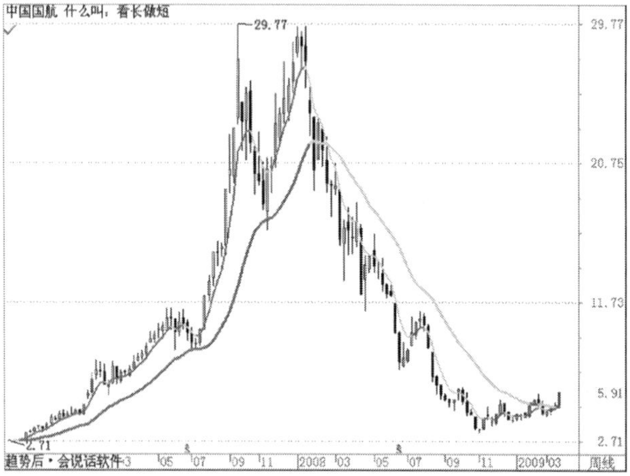

图六十一

002166 中国海城股价走势图（见图六十二）

大家都知道股市有涨有跌，尤其是涨幅较大后，庄家、主力都会“洗盘或洗筹”消化一下获利筹码。

大趋势软件表现出来的走势图就自动显示“短线/高位洗盘”、“减仓或空仓”！让投资者知道下步该怎么办。

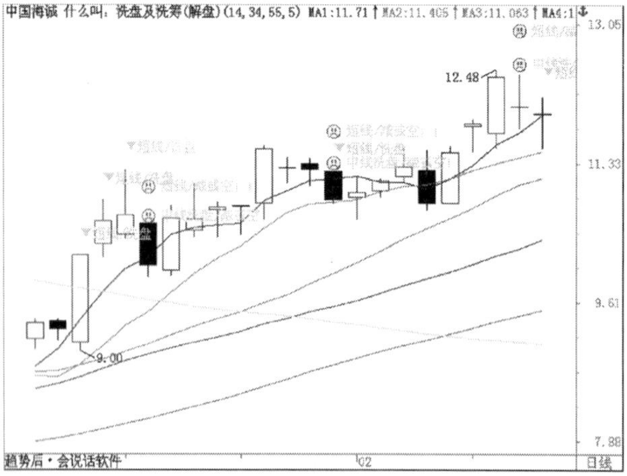

图六十二

000033 新都酒店股价走势 K 线圈（见图六十三）

图六十三

600626 申达股份股价走势 K 线、均线图（见图六十四）

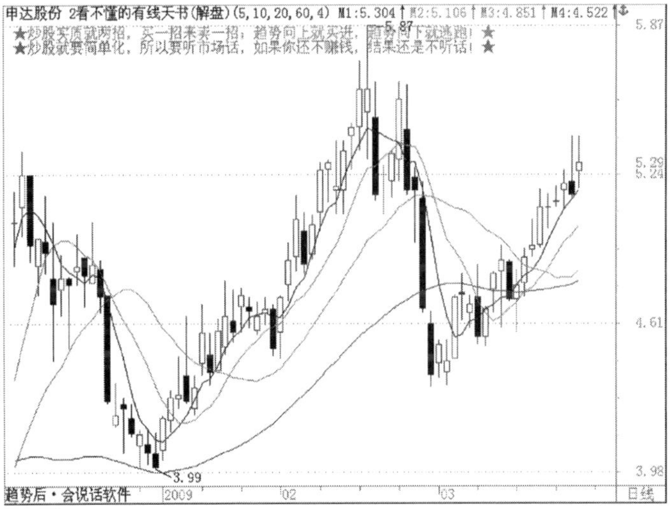

图六十四

601766 中国南车股价走势图（见图六十五）

怎么做“短线”行情？短线行情要求快进快出，一般的“炒股软件”无法给投资者明确下达提示。而大趋势软件每一波行情都会自动下达“短线”买一招和卖一招的“文字”提示，你只要按文字提示执行即可。适合 5 万元—15 万元投资者使用。如图六十五所示。

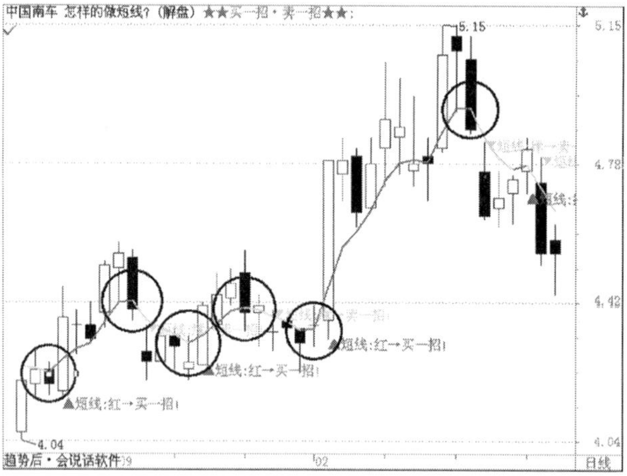

图六十五

600423 柳化股份股价走势图（见图六十六）

怎样做“中线”行情？中线行情从时间上来把握一般为 20 天—60 天，但何时能实施“买一招”，何时又能实施“卖一招”一般的“炒股软件”无法给投资者下达明确的提示。而大趋势软件每一波行情都会自动下达“中线”买一招和卖一招的“文字”提示，你只要按“文字提示”执行即可。如图六十六所示。

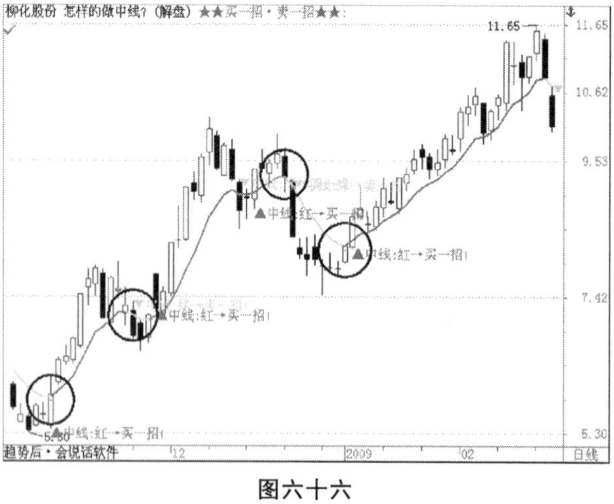

图六十六

002025 航天电器股价走势图（见图六十七）

怎样做“长线”行情？长线行情从时间上来把握一般为 60 天以上，但何时能实施“买一招”，何时又能实施“卖一招”，而一般的“炒股软件”无法给投资者下达明确的提示。大趋势软件每一波行情都会自动下达“长线”买一招和卖一招的“文字”提示，你只要按文字提示执行即可。如图六十七所示。

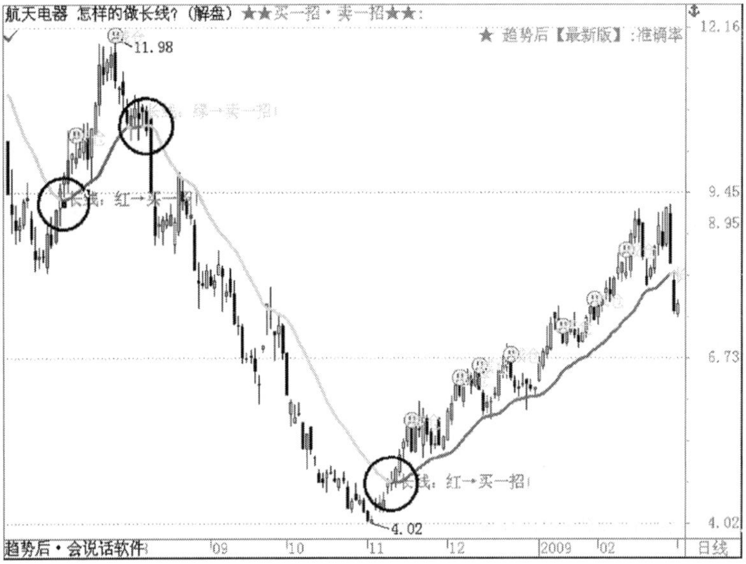

图六十七

600839 四川长虹股价走势图（见图六十八）

根据趋势线分析，大趋势软件会自动对短、中、长线操作进行“买一招”、“卖一招”提示。如：

（1）股价在趋势线之上：短线/买/持股！

（2）股价在趋势线之上：中线/买/持股！

（3）股价在趋势线之上：长线/买/持股！

（4）股价在趋势线之下：短线/卖/持币！

（5）股价在趋势线之下：中线/卖/持币！

（6）股价在趋势线之下：长线/卖/持币！

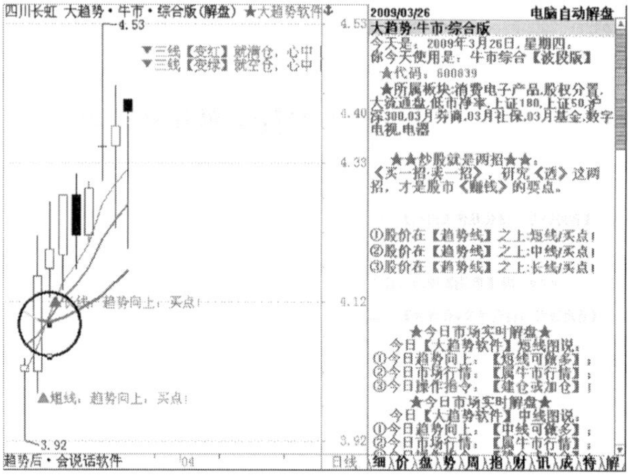

图六十八

000416 民生投资走势图（见图六十九）

怎么做到“以万变应万变”！股市每月、每周、每日、每小时都在不停的变化，向上变买进持股，向下变卖出持币，一般投资者没有操作工具，而大趋势软件下午三点收盘后即下达第二天各种情况发生后下一步该怎么办，操作者只要执行即可赢利或止损。如图六十九所示。

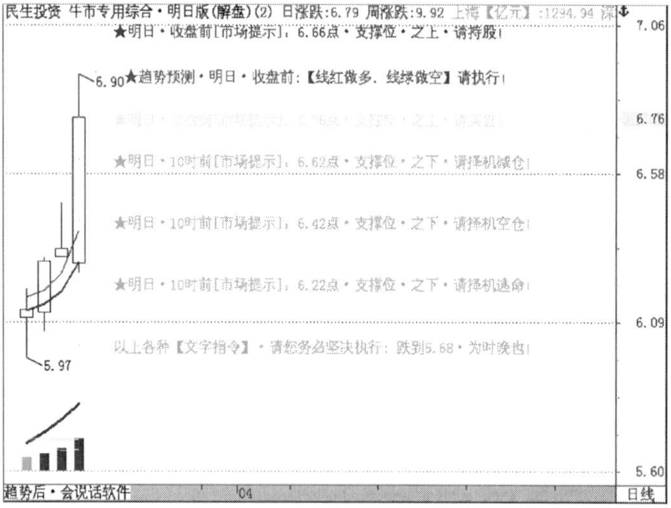

图六十九

上证指数 2009 年“日 K 线”走势图（见图七十）

2009 年，“日 K 线”第一波反弹行情，从 2009 年 1 月 14 日开始，三根线同时变红，大趋势软件“超短线/短线”，发出买入信号提示，你就买股票，买什股呢？

只要买出现三根线同时变红的任何一只股都行，都会有不同程度的收益。至 2009 年 2 月 18 日截图日止，上证指数已自动发出：“今日趋势向下：卖/持币！”文字提示。说明 2009 年，第一波“反弹行情”结束了。只要三根红线，同时变绿，就说明 2009 年，第一波“反弹行情”结束了。

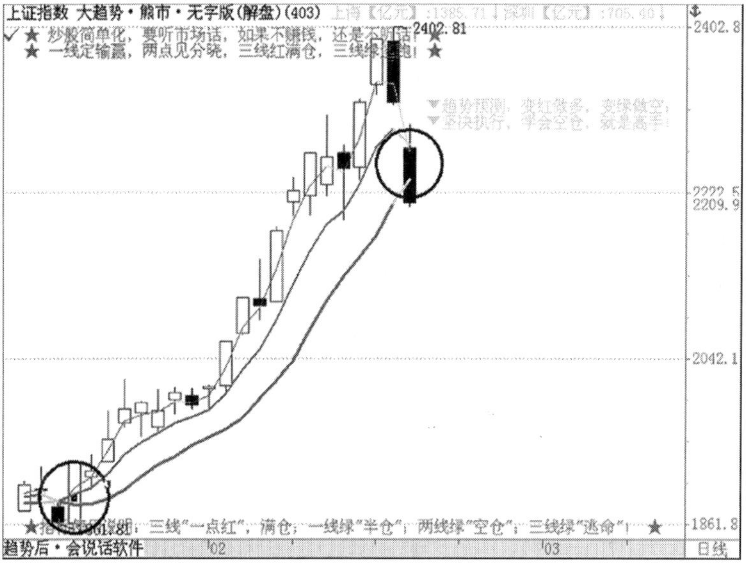

图七十

上证指数 2009 年周 K 线走势图（见图七十一）

2009 年，“周 K 线”第一波反弹行情，从 2009 年 1 月 16 日开始，大趋势软件三根线同时变红，发出买入信号一周后，中线也发出。

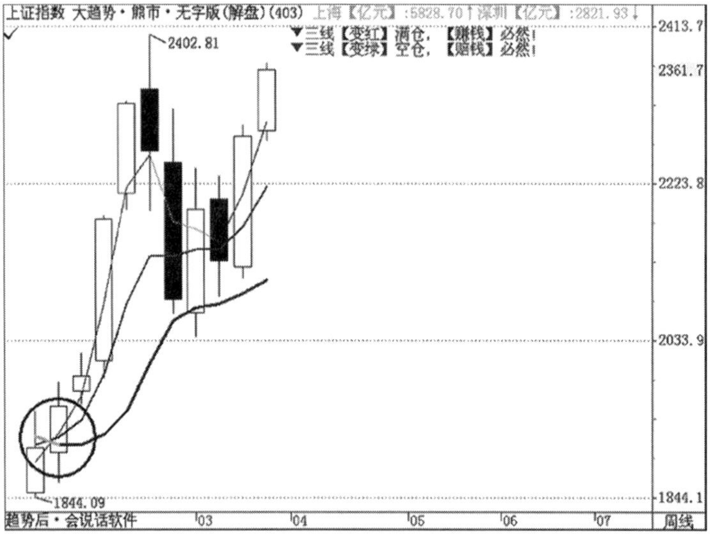

图七十一

600028 中国石化日 K 线走势图（见图七十二）

在 2009 年 1 月 14 日和大盘日 K 线同步上涨，在 2009 年 2 月 17 日—18 日和大盘日 K 线同步下跌。

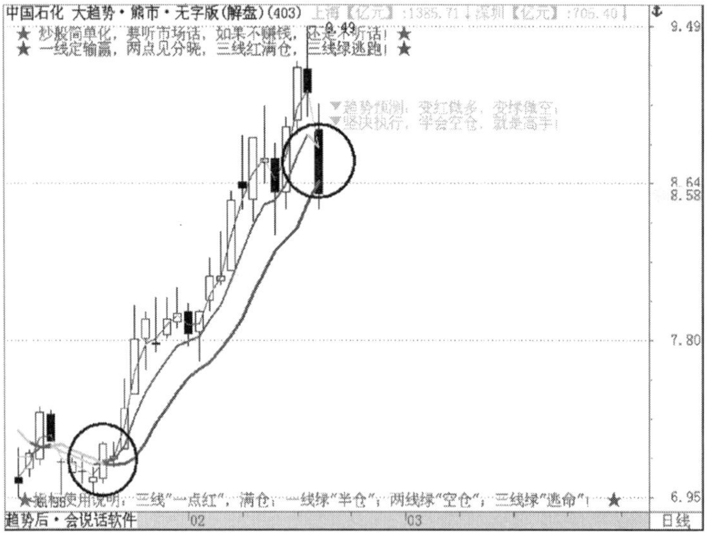

图七十二

600028 中国石化周 K 线走势图（见图七十三）

在 2009 年 1 月 16 日和大盘周 K 线同步上涨。

图七十三

【大趋势·会说话】炒股软件的操作口诀是：

炒股就要“简单”化，所以要听“市场”话；

如果还是“不赚”钱，说明还是“不听”话；

买卖一招“定”输赢，一买一卖“见”分晓；

买一招定“要”满仓，卖一招定“要”逃跑！

附　录

中国证券市场大事记

（一）证券市场萌芽期

1981 年，中国国库券开始发行。

1984 年 8 月 14 日，上海市政府批准了中国人民银行上海市分行呈批的《关于发行股票的暂行管理办法》。

1984 年，全国第一家股份有限公司——北京天桥百货股份有限公司成立。与此同时，企业债券也开始出现。

1984 年 11 月 14 日发行上海飞乐音响公司“小飞乐”股票。这是是改革开放后我国公开发行的第一只股票。1986 年 11 月，邓小平接见美国纽约证券交易所董事长约翰·凡尔霖，赠送了一枚飞乐音响股票。虽然有报道说深宝安和北京天桥成立股份制企业更早，但是发行股票，小飞乐在先。

1986 年，深圳开始股份制改造。1988 年 4 月 1 日，深圳发展银行在特区证券公司的柜台上开始了最早的证券交易。随后万科、金田、安达、原野（世纪星源的前身）等也陆续发行股票并上柜交易，构成“老五家”。

1986 年 9 月 26 日，上海建立了第一个证券柜台交易点。

1986 年，沈阳市信托投资公司开设第一个从事证券转让业务的柜台。

1987 年深圳市一些企业开始向社会公开发行股票并进行转让交易。

（二）证券市场正式建立

1990 年，国债转让在全国全面放开。

1990 年 12 月 1 日，深圳证券交易所试营业（因为申请没有批），老 5 家开始交易。

1990 年 12 月 19 日，上海证券交易所开业。老八股开始交易。它们是：延中实业、真空电子、飞乐音响、爱使股份、申华实业、飞乐股份、豫园商场、浙江凤凰。上海综合指数基点为 100 点，当天开盘 96.05 点，之后无量空涨，90 年收于 127.61 点。

1991 年，上海股市稳步上涨。

1991 年 7 月 3 日，深交所正式开业。

1991 年 10 月 31 日，首家 B 股深南玻 B 公开招股。

1992 年 1 月 19 日，邓小平同志开始南巡，鼓励股市试验。由此推动中国股市第一个大牛市。

1992 年元月开始，上海出现股票认购证。30 元的认购证 4 次摇号，由此产生大批百万富翁。股市开始快速扩张。

1992年2月，上海真空电子器件股份有限公司B股股票，正式在上海证券交易所挂牌交易。

1992年5月21上交所取消涨停板限制（开始是1%，后来是0.5%），上证指数（即沪市综合指数）从前日收盘的617点升到1266点，涨幅高达105%。其中轻工机械涨幅最大，达470%。上涨动力主要是股票稀缺和拆细。

1992年上证指数创下新高1429点，深圳综合指数创下新高312点。那时候还没有深圳成分指数。接着股市扩容加速。

1992年7月1日STAQ法人股市场开业；随后不久NET法人股市场开业。1993年夏天，法人股交易开始火爆。投资者主要分布在成都、长沙、北京、沈阳等地。由于政策原因，不久变冷。

1992年7月7日，深圳原野因被港商掏空而停牌。

1992年8月5日，深圳市邮局收到一个17多公斤重的包裹，其中居然是2 000多张身份证——用于认购新股。

1992年8月10日，为认购新股，百万申购者云集深圳排队认购，因组织不好，发生暴力冲突和舞弊事件——“810”事件。此后深沪股市首次大跌。“810”事件促使监督机构成立。

1992年8月11日，四川省证券中心发行了第一只可转换债券——工益转券，很快被热炒。接着盐化、金路等八只非上市公司股票流向市场，形成的非上市股权交易市场——红庙子市场。

1992年10月26日，党中央、国务院决定，成立国务院证券委和中国证监会，统一监管全国证券市场。国务院证券委员会（简称国务院证券委）成立；朱鎔基任主任，周道炯任副主任。同年10月底，中国证券监督管理委员会（简称证监会）宣告成立。首任证监会主席市是刘鸿儒。1998年4月，两者合并。1999年正式施行的《证券法》进一步明确了我国以证监会为核心的集中统一的监管模式。

1992年11月，上证指数跌到386点，从高点下来跌幅73%。之后开始回升；深圳股市类似。

1992年12月10日，深宝安发行中国第一个可交易的配股权证。此权证被长期恶炒。不久深宝安又发行了中国第一个可交易的可换股债券。

1992年年底，国务院颁布《国务院关于进一步加强证券市场宏观管理的通知》。

1993年元旦前后，深沪指数再涨，2月再创新高，上证指数达到1558点；3

个月从低点上来上涨303%。深圳综合指数涨到360点（相当深成指3422点）。

1993年6月29日，青岛啤酒第一家H股上市公司在香港正式招股上市。

1993年，全国各大省会城市相继出现证券公司营业部；新增股民遭遇第一次大熊市——因为通货膨胀严重，银行加息，预期上市公司业绩变差。

1993年7月－8月，深圳因房地产公司业绩较好，深圳综合指数从190多点反弹到330多点。沪市表现平平。随后两市随着股市扩容和法人股困扰，一路下跌。

1993年8月6日，上海证券交易所所有上市A股均采用集合竞价。

1993年8月20日第一只投资基金——淄博基金上市。它很长时间被当作股票炒作，价格4－5元。

1993年8月18日，新股认购由购买申请表方式改为和存款挂钩方式；后来改为全额预交款方式。此后相当长的一段时间里，全国有许多认购专业户提着装满钞票的箱子，乘飞机飞来飞去认购新股。认购后低价转让存单套现。

1993年9月30日，宝安宣布持有上海延中普通股超过5%，开中国收购上市公司首例。

1993年12月17日，证监会公布《上市公司送配股的有关规定》，限制送股和配股比例，强调配股的净资产收益率标准，沪市大跌117点。

1994年1月，上证指数从800点一路下滑的背景下，界龙实业却逆势而上，连拉32根阳线，后来庄家以连续暴跌方式出货，套住无数跟庄者，制造了一起庄股经典战役。网上传说庄家叫马晓。1998年4月8日起西安航标咨询有限公司炒作海鸥基金赚了6 000多万元，但是却受到证监会没收所得并罚款200万的处罚。后来这种纯技术方法坐庄很少见了，坐庄的大多利用基本面，并和上市公司配合。

1994年上半年，受通货膨胀和加息影响，股市一路下跌；深交所宣布暂停新股上市，刘鸿儒宣布“四不”政策（即55亿新股上半年不上市，当年不征股票转让所得税，公股不流通，上市公司不得乱配股）；但是作用短暂，对大势影响甚微。

1994年6月，哈岁宝成为第一家上网竞价发行股票。

1994年7月29日，上证指数跌到326点，收于334点，深圳综合指数跌到900多点。7月30日，人民日报发表证监会与国务院证券委关于稳定和发展股票市场“三大政策”，导致8月1日股市反转。三项救市措施是：年内暂停新股发行与上市；严格控制上市公司配股规模；扩大入市资金范围，包括外资入市——真正外资入市是大约10年后的QFII。那时候股市没有涨停板限制，指数有好几天每天涨20%左右。

1994年9月，上证指数涨到1052点，不久回到600点附近。深市表现稍差。

1994年9月，法人股配股权可以转卖给个人，湘中意等股票的转配股权证因延期被恶炒。正股价为7元左右的悦达股份，权证价格竟高达15元。

1995年1月23日起，深交所采用成份股指数。1994年7月20日是基准日，基准日指数为1000点。

1995年2月23日，发生国债期货327事件。以万国证券为代表的空头和以中经开为代表的多头在国债期货市场对赌存款贴补率；万国证券赌输违规砸盘。万国证券老总管金生因此坐牢。

1995年3月底，周道炯接替刘鸿儒任证监会主席。

1995年5月18日，国债期货非理性上涨，市场被关闭。受此影响，上证指数三天内从582点上涨到926点，然后很快跌回，重归熊途。熊市延续到1996年，这段时间沪市好过深市，深市于1996年年初创下新低——成分指数940点。

1995年8月21日，长虹转配股悄然上市，上交所受到谴责。

1995年8月开始，四川长虹走强，带动业绩好的股票上涨；同时，深圳的苏常柴和深发展受到追捧。上海概念和浦东概念退居二线。

1996年，通货膨胀消失，银行利率降低；3月开始，沪深股市走出大牛市。3月4日，上证指数大涨8.87%，3月5日中国证监会发出通知严厉打击操纵期货市场和期货欺诈行为，该通知使期货市场的资金涌进股市。4月1日，中国人民银行发布公告称，今起不再办理新的保值储蓄业务。

1996年下半年，股市疯长，特别是垃圾股疯长，没有涨停限制，庄家操纵明显，琼民源就是一例；为此管理层采取一系列打压股市措施，被称为12道金牌。

1996年12月12日，深成指创出新高，股市创出新高4522点，而上证指数达到1258点。

1996年12月16开始实行10%涨停板制度；也是1996年12月16日，《人民日报》刊登了特约评论员的文章《正确认识当前股票市场》，股市连续4天跌停板。6个交易日从1258跌倒867点。深市类似。

1996年12月，开始新股网上认购。

1996年，深圳成分指数上涨225%（原因之一是涨幅较大的深发展占权重较大），上证指数上涨65%。

1997年2月18日，上证指数大跌8.91%。2月19日邓小平逝世消息传出，

2 月 20 日，股市先跌后涨，从最低点 870 点上涨 5.39%。

1997 年 2 月 27 日，琼民源因业绩做假被停牌。该股从 1996 年 2 月 5 日到 1997 年 2 月 27 日的一年时间里，股价由最低 1.55 元（复权后），直冲至最高 26.4 元。以收盘价计算的最大涨幅达到 1 528%，停牌前其股价仍高居 23.49 元。董事长马玉和被判刑三年。1999 年 6 月，琼民源经北京市挽救变身为中关村，股票开盘价 37 元多，最高到达 38 元。中关村高价配股后，价格曾到过 44.8 元。到 2008 年 11 月跌到 3 元多。政府为违规行为卖单，最后亏损的还是股民。

1997 年 3 月 -5 月，在深发展、四川长虹的带领下，沪市指数从 870 点一路盘升至当年最高 1510 点。深成指创出 6103 点的历史最高点——此高点到 2006 年年底才被突破。

1997 年 5 月 9 日，印花税调升至千分之五。

1997 年 5 月 16 日，国务院证券委确定 1997 年股票发行额度为 300 亿元。

1997 年 5 月 22 日，国务院证券委、人民银行总行、国家经贸委规定严禁三类企业入市。

1997 年 6 月 6 日：人民银行发出通知：禁止银行资金违规流入股市。在一系列降温政策的作用下，大盘还是呈现高位强势整理。

1997 年 6 月 17 日，深发展贺云受到证监会处罚，被认定为“证券市场禁入者”，5 年内不得在证券界内任职。其错误是违规动用深发展资金炒作深发展股票。深市龙头深发展的高成长原来也有水份！同时受到同处罚的是申银万国证券公司董事长阚治东，其错误是操纵陆家嘴等股价。原来两人在两大交易所竞争时作出了“重大贡献”。戏剧性的是，2002 年，贺云和阚治东两人同被深圳政府委任以重任，分别任南方证券董事长和总经理。南方证券此前因做庄等问题造成巨大资金黑洞。两人未能扭转残局，反而因继续坐庄哈医药和哈飞，造成更大资金漏洞。阚治东因此入狱，20 天后被释放。

1997 年 7 月 1 日，香港回归祖国。7 月 1 日休市，7 月 2 日沪市跌 4.10%。

1997 年 7 月 2 日，泰国宣布取消泰铢对美元的联系汇率制，实行浮动汇率制。东南亚金融危机拉开序幕。

1997 年 6 月，周正庆接替周道炯任证监会主席。

1997 年 8 月 15 日，国务院决定：沪深交易所划归中国证监会直接管理。但是地方柜台股市仍然由地方政府管理。

1997 年 8 月 -9 月，山东体改委想统一山东柜台市场“青岛证券”交易所，淄博自动报价系统，济南产权交易所，并和其他几个省的产权交易所联合，可是计划不久流产。随后全国柜台股市，包括 STAQ 和 NET 如同弃儿，纷纷大跌。

1997 年 10 月 8 日，国务院原则通过《证券投资基金管理暂行办法》。

1997 年 11 月 14 日，经国务院批准，国务院证券委员会颁布实施《证券投资基金管理暂行办法》。

1998 年 3 月 -4 月，国务院下发关于柜台股市出路的内部文件，鼓励深沪上市公司吸收合并柜台市场质量好的股票。山东柜台市场表现好转。随后清华同方吸收济南产权的鲁颖电子上市，同济科技吸收淄博自动报价系统的万鑫上市。有些柜台股后来转到深沪交易所上市，比如山东的万杰、药玻、南山等。但是原流通股作为内部职工股，三年后才能上市。

1998 年 3 月 23 日，第一批大型证券投资基金启动。金泰、开元、兴华、裕阳、安信等五大证券投资基金和南化转债、丝绸转债两个可转换债券相继登场。最早的小盘基金深天骥、深蓝天等陆续撤牌。

1998 年 3 月 24 日，央行第四次降息。此后分别在 7 月 1 日和 12 月 7 日第五、第六次降息。

1998 年 4 月，国务院证券委和证监会合并。

1998 年 4 月 22 日，上市公司开始实行“特别处理”制度。深市的辽物资（000511）成为首家 ST 股票。

1998 年 5 月以后，亚州金融危机波及韩国和日本。我国政府从最高领导人到财政金融主管部门的官员，在各种场合纷纷表示，人民币不贬值。

1998 年 6 月 4 日，上证指数一路震荡上行至当年最高 1422. 98 点。深成指则表现较弱。

1998 年 6 月 12 日，降低印花税，单边交易千分之四。

1998 年 7 月 24 日，中国证券报发布国泰、君安两大公司合并消息。君安证券董事长张国庆因为谋求君安股权被判入狱 2 年，一同入狱的还有总经理杨俊。2005 年 12 月，伊利董事长郑俊怀因为同样问题被判刑 6 年，一同被判刑的还有其他四名高管。好在他们谋求的是职工持股会的股份。

1998 年 8 月 6 日 -18 日，受亚州金融危机影响、海外股市暴跌、大洪水和“千年虫”等多重因素的影响，上证指数九个交易日内指数跌 20. 5%，从 1312 点直落 1043 点。

1998 年 10 月 26 日，中国证监会对 ST 红光做出处罚决定：ST 红光隐瞒亏损、虚报盈利 15 700 万元，骗取上市资格。同样是 1996 年通过做假骗取上市资格的还有大庆联谊。1997 年大庆联谊董事长张大生离奇身亡，1999 年其继任者薛永林因贪污和行贿被捕。

1998 年 11 月 25 日，证监会发出通知：拟上市公司职工股一律停发。已经发行的在公司上市后三年后才能流通。此举否定了柜台股市作为沪深股市的跳板。

1998 年 12 月 29 日，从初审到通过，历时五年，九届全国人大常委会第六次会议审议通过《中华人民共和国证券法》。自 1999 年 7 月 1 日起实行。

1998 年，上证指数年底收在 1146 点，全年微跌 3.97%，深成指跌幅较大。报上说 1998 年汉城股市涨幅（46%）世界冠军，而事实上，1998 年全世界涨幅冠军是济南产权——指数从 190 涨到 270，涨幅约 90%。

1999 年 1 月 -4 月，股市继续下跌。

1999 年 2 月，宣布 STAQ 和 NET 择机停牌。1999 年 9 月，两网关闭。这期间网股票暴跌。曾经到过 12 元的 STAQ 的恒通跌到 0.11 元，曾到过 12 元的 NET 的东方实业跌到 0.2 元；据说还有的股票瞬间到过 1 分钱。少部分股票如海航、蜀都、建北后来经重新发行和重组到沪深股市上市了。其余股票 2001 年进入三板市场。此后两网股民上访不断。

1999 年 5 月 8 日，中国驻南联盟大使馆被炸，5 月 10 日股市开盘，上证指数下跌 4.36%。

1999 年 5 月 19 日，开始了著名的“5·19”行情。从这一天开始，沪深股市走出了一轮强劲的上扬行情；高科技概念股清华同方、东大阿尔牌、深科技、风华高科……被热炒；网络概念开始流行，东方明珠、中信国安、广电股份等网络概念股再三涨停。但是绝大多数股民不知道上涨的原因。

1999 年 6 月 1 日，B 股降低交易印花税，当日上证 B 指大涨 8.54%

1999 年 6 月 2 日，国务院发布期货业最重要的一部法——《期货交易管理条例》。

1999 年 6 月 14 日，在股市连续上扬后，证监会官员发表讲话，指出当前股市上升是恢复性的，上证指数当天再涨 4.14%。1999 年 6 月 15 日，《人民日报》第二次在头版发表特约评论员文章《坚定信心，规范发展》，指出近期股市是正常的恢复性上涨，各方面要坚定信心，发展股市，珍惜股市的大好局面，次日上证指数再涨 5.23%。

1999 年 6 月 23 日，上证指数突破了保持六年的高点 1558 点，创下历史新高 1606 点，6 月 30 日，上证指数从最高点1756点回落。上证指数从 1047 点直上 1756 点，涨幅 67.72%，深成指涨 94.21%。

1999 年 7 月 1 日，《证券法》开始实施，股市大跌。六个月后回调到低点 1341点。

1999 年 7 月 9 日，农商社、双鹿，苏三山、渝钛白成为第一批 PT 公司。

1999 年 9 月 9 日，三类企业再度获准进入资本市场。

1999 年 9 月 10 日，沪深两市上市股票突破 1 000 只。

1999 年 10 月，申能国家股回购。

1999 年 10 月，国务院批准实施《中国证券监督管理委员会股票发行审核委员会条例》。

1999 年 10 月 27 日，国务院批准保险公司间接进入证券市场，证监会同时宣布国有股年内配售规模和定价标准。1999 年 12 月 2 日，国有股配售试点启动：中国嘉陵、黔轮胎进行试点。1999 年 12 月 6 日，财政部有关人士指出：国有股减持办法将出台。

2000 年开始，因为政府对国内股市持保护态度，担心扩容压力，大型企业中石油、中石化，中海油、江铜、中铝、中国人寿……纷纷到香港上市。

2000 年 1 月 6 日：三大报发表证监会主席周正庆的文章《为建设发展健康、秩序良好、运行安全的证券市场而努力》。股市第二天上涨超过 3%。

2000 年 2 月 13 日，证监会发布向二级市场投资者配售新股的通知，第二天大盘接近涨停。

2000 年 2 月 15 日，第一个百元股亿安科技诞生，两天后创出 126 元新高。一周后跌到 100 元以下。公司原名深锦兴，后被广东亿安科技借壳，聚各种高科技概念于一身。2001 年 1 月 10 日，证监会宣布：因亿安科技股票异动，正在查处其涉嫌操纵案。股票从 40 多元连续跌停板。后来查明，亿安科技老总罗成动用 18 亿元，利用四个公司账户，炒作亿安科技股票，获利 4 亿多。2001 年 4 月，证监会决定处罚：没收违法所得 4.49 亿元，另外罚款 4.49 亿元。2001 年 8 月 20 日，《财经》杂志披露罗成逃跑。2003 年 9 月，其他 5 人获刑 2 年 –3 年不等。

2000 年 2 月 24 日，周小川接替周正庆任证监会主席。

2000 年 3 月 14 日，证监会宣布转配股 4 月起逐步安排上市。4 月 3 日东方明珠、外高桥等第一批转配股上市。当初通过转配股权证买了东方明珠、国脉通讯、武汉长印、深科健等转配股的股民，意外地大赚了一笔。

2000 年 4 月 16 日，新浪网在美国纳斯达克市场上市，随后，搜狐、网易等网络股陆续上市。随着美国网络股泡沫破灭，这些股 2001 年跌到 1 元以下。但是 2002 年 –2003 年暴涨，网易涨幅超过 100 倍。后来 1 股拆细为 4 股，到 2008 年年底，还有 18 元的价格。

2000 年 6 月 23 日，STAQ 的恒通董事长杨博因恒通控股并掏空沪市棱光被刑事拘留。

2000 年 7 月 19 日，上证指数首度突破 2000 点，创历史新高。

2000 年 10 月 12 日，中国证监会发布《开放式证券投资基金试点办法》。

2000 年 10 月 31 日，新华社记者发表署名文章《郑州百文：假典型巨额亏空的背后》，揭露出郑百文公司有效资产不足 6 亿元、亏损超过 15 亿元、拖欠银行债务高达 25 亿元。不久，董事长李福乾被判处有期徒刑 3 年，缓刑 5 年。郑百文最早搞家电连锁店如同国美和苏宁，但是扩张失败。1999 年，郑百文关门停业。2003 年 7 月 -9 月，三联商社重组郑百文，借壳上市。三联重组方案前无古人后无来者，此方案要求流通股 2 股换 1 股，不愿过户给三联集团的股票，公司以每股不高于 2 元的价格回购并注销。后来三联商社也沦为 ST，被首富黄光裕控股。2008 年 11 月，黄光裕因涉嫌操纵股价被捕。

2000 年 12 月 4 日，中国证监会主席周小川日前表示：证监会有决心妥善解决 A、B 股和国有股不流通两大历史遗留问题。1994 年被搁置的全流通问题再次提上议事日程。

2000 年 12 月 25 日下午，中科创业（现在恢复为康达尔）开始暴跌，一连 10 个跌停板。这以前，该股在庄家朱焕良和吕梁的操纵下，上涨近 10 倍。庄家吕梁先是自我曝光，把责任推给朱焕良，然后神秘失踪。

2001 年 1 月 9 日，中国证监会主席周小川透露：开放式基金面世在即。

2001 年 2 月 9 日，新华社发表文章：新世纪中国股市要有更大发展。

2001 年 2 月 19 日，证监会宣布 B 股向境内投资者开放，随后，上证 B 股指数从 2 月 23 日的 83 点上涨到最高 5 月 31 日的 241 点，上涨幅度达 200%；深证 B 股指数从 2 月 23 日的 126 点上涨到最高 5 月 28 日的 445 点，上涨幅度达 250%。因为 6 月 1 日开始，境内资金才能入市，此后 B 股大跌，入市资金被严重套牢。

2001 年 6 月，国务院发布《减持国有股筹集社会保障资金管理暂行办法》。

2001 年 6 月 12 日国务院正式发布《减持国有股筹资社会保障资金管理暂行办法》，宣布国有控股公司发行流通股时，国有股减持 10% 充实社保基金。2001 年 6 月 26 日，江苏索普和韶钢松山率先进行国有股减持。

2001 年 6 月 14 日，上证综指创出 2245. 44 点的历史高点。

2001 年 7 月“证券公司代办股份转让系统”正式运行，简称为“三板市场”。其中股票包括 STAQ 和 NET 的停牌股票，以及从沪深股市撤牌的 ST 和 PT 股。

2001 年 7 月 24 日，新股发售“减持”开始。广西北生等四家公司在招股说明书中表示：将有 10% 的国有股存量发行，其定价即为新股发行价。随后上证指数数日连续下跌。

2001 年 8 月，东方电子因受到证监会调查暴跌。其复权价到过 330 元，前后有 60 倍的涨幅，在深市仅次于深发展。2002 年 5 月 13 日，东方电子董事长隋元柏被刑事拘留，后来被判刑 2 年，罚款 5 万。东方电子炒自己的股票，通过虚假业绩推高股价，把炒股 17 亿元收入做成主营业务收入。

2001 年 8 月 20 日，上海证券报刊登文章《湖北立华会计师事务所疯狂造假》，该会计事务所先后为康赛集团、活力 28、幸福实业、湖北车桥、襄阳轴承、美尔雅、湖北兴化、兴发集团等几家严重违规的上市公司做假账。曾创下每股收益 1.18 元的历史纪录、获得“最受欢迎的湖北上市公司”的湖北兴化，在 1999 年 8 月 12 日的中报中公布亏损，股票当天跌停。后来湖北兴化被重组为国投电力。

2001 年 9 月 4 日，首只开放式基金——华安创新宣布发行。

2001 年 9 月 10 日，银广夏由于被《财经》杂志披露业绩做假，开始连续 15 个跌停板，跌幅达 79%。银广夏的麻黄草神话破灭了。

2001 年 9 月 11 日，美国发生“9·11”恐怖袭击事件，加重中国股市恐慌心理。

2001 年 10 月，监管部门出台禁止法人股拍卖的规定。这以前，法人股通过拍卖市场交易火热，吸引了大量资金。

2001 年 10 月 15 日，上证指数跌破 1600 点，周小川表示，国有股减持具体做法可不断改进。

2001 年 10 月 22 日，证监会紧急叫停《减持国有股筹集社会保障资金暂行办法》。

2001 年 10 月 24 日，因证监会宣布首发增发时停止国有股出售，沪深股市涨幅接近涨停板。

2001 年 10 月 26 日，刘姝威在《金融内参》上发表 600 字的短文《应立即停止对蓝田股份发放贷款》，随后受到恐吓。蓝田养鸭养虾神话逐渐破灭。2003 年 5 月 23 日，上交所通知蓝田股票终止上市。2008 年 10 月，蓝田老总瞿兆玉因行贿罪被判处 3 年有期徒刑，缓刑 4 年。协助蓝田上市的农业部孙鹤龄因受贿罪和滥用职权罪被判处 8 年有期徒刑。

2001 年 11 月 12 日，中国正式签署加入世贸组织议定书。

2001 年 11 月 16 日，印花税税率下调，大盘高开低走。

2001 年 12 月 5 日，中国证监会出台新的退市办法。ST 后不再有 PT，直接退市。

2002 年 1 月 28 日，中国证监会公布国有股减持方案阶段性成果。大意是：

做全流通实验交易产生全流通股价，然后由非流通股股东补偿流通股损失差价，非流通股在补偿后上市。很多人担心大小非股东操纵全流通股价。当天大盘暴跌。

2002 年 5 月，开始新股市值配售。从精伦电子开始，新股中签率持续显著下滑到万分之几。认购新股先后经历了“认购证”抽签、存款配售、网上定价申购（后来加上对战略投资者配售），网上竞价申购，回到定价申购，市值配售多种方法。但是最后还是回到定价认购（加上网下机构认购）。

2002 年 6 月 7 日，中经开关门。它曾经是“327”事件的赢家，这时被认为是银广夏和东方电子的庄家通过和上市公司大股东的配合，操纵股价。

2002 年 6 月 24 日，国务院决定停止在国内证券市场减持国有股，证监会制定《关于进一步规范上市公司增发新股的通知》，提高增发门槛。在重大利好的刺激下，大盘再现井喷。上证指数开盘涨幅达 9.09%，全天震荡后涨 9.25% 收盘，收出长下影线。此后股市继续走低。

2002 年 7 月 1 日，上证 180 成份指数取代上证 30 成分指数。

2002 年 11 月 8 日，党的十六大开幕，证监会、央行联合发布《合格境外机构投资者境内证券投资管理暂行办法》，QFII 开闸。

2002 年 11 月 15 日，党的十六大在京胜利闭幕，党的中央领导集体顺利实现新老交替。

2002 年 12 月，中国证监会颁布并施行《合格境外机构投资者境内证券投资管理暂行办法》。

2002 年 12 月 30 日，周小川调任央行行长，尚福林出任证监会主席。

2003 年 5 月，H 股开始了直到 2007 年 10 月大牛市。从“9·11”算起，国企指数 5 年多上涨将近 10 倍。

2003 年 3 月 17 日，十届人大选出新一届国家领导人，胡锦涛当选国家主席；选举江泽民为中央军委主席。

2003 年 3 月 20 日，美国攻打伊拉克，道指上扬，石油价格上涨。石油价格随着战争结束回落，但是却开始了一轮长期大牛市，远期合约从 22 美元上涨到 2008 年的 148 美元。铜价类似，只是见顶时间早两年，在高位徘徊多两年。

2003 年 4 月 4 日，沪深证交所发布通知，警示退市风险将启用 *ST 标记。

2003 月 4 月，上证指数创出当年最高 1649 点，之后“非典”疫情日趋严重，股市大跌。

2003 年 4 月，巴菲特买了 H 股中石油股票。

2003 年 5 月 27 日，首批 QFII 诞生，瑞银、野村获批。

2003 年 6 月 7 日，徐工科技开始 8 个跌停，因坐庄徐工科技的上海首富周正毅被香港廉政公署调查和搜查，周正毅逃过一劫。但是 2008 年 9 月，上海地方检察院正式批准逮捕周正毅，罪名是“涉嫌虚报注册资本”和“操纵证券交易价格”。

2003 年 6 月 20 日，百科药业（以前叫湖北中天，现在叫天贸集团）崩盘，半年后，庄家朱耀民被捕。朱耀民鼎盛时期同时操控 6 509 个股票账户、涉及资金近 50 亿元。他也曾坐庄康达尔，后来把股票卖给吕梁了。百科药业后来被新理益控股，改为天贸集团。朱耀明先因贷款诈骗罪、对公司人员行贿罪、违法发放贷款罪分别被判处有期徒刑 9 年，后来主动交代操纵股价罪行，请求一并处罚，最后获刑 14 年，被判终身不得炒股。他还操纵了凯诺科技、爱使股份、南方建材等股价。

2003 年 11 月 3 日，啤酒花发布董事长艾克拉木·艾沙失踪。公司被掏空，涉嫌炒自己公司股票，留下 17 多亿元违规担保。股票一连 14 个跌停板。在胡润制作的 2003 年富豪榜中，艾克拉木·艾沙由夫名列资本控制 50 强第 22 位。

2003 年 12 月 19 日，ST 北大科技公告称，因为虚开增值税专用发票，公司原董事长洪友声被判处有期徒刑十年。在掏空株洲庆云（中国股市最早的掏空行为）和北大科技之后，洪友声终于锒铛入狱。

2004 年 1 月 2 日，上证 50 指数亮相首日，南方证券因坐庄哈医药等股票巨亏而被行政接管。汉唐、闽发、大鹏等券商命运类似。

2004 年 2 月 2 日，国务院发布《关于推进资本市场改革开放和稳定发展的若干意见》，提出“国九条”，肯定了证券市场的作用。随后“钢铁、石化、金融、汽车、电力”五大板块被热炒，产生“五朵金花”行情，上证指数见当年最高1783点。5 月后，大盘继续下跌，跌到 1300 点附近。

2004 年 3 月，仰融因涉嫌侵占国有股被辽宁省通缉。仰融包装国内汽车产业，成立华晨控股，在美国上市；国内又借壳申华上市。仰融被通缉不久，华晨退出申华；两败俱伤。

2004 年 4 月 14 日，庄股德隆三架马车——新疆屯河，铁合金，株火炬跌停。在此之前，大盘跌，它们涨——股市奇观。新疆屯河连跌 5 个停板。德隆前后控股许多证券公司和信托投资公司，非法融资数百亿元，上百亿元资金不能收回。2004 年 12 月 17 日，唐万新回国被捕。

2006 年 4 月 29 日，武汉法院一审宣判：操纵股价、挪用上市公司 500 多亿元的唐万新，因罪行深重被判处有期徒刑 8 年，其个人被处以罚金 40 万元，德隆国际、新疆德隆分别被处以罚金 50 亿元。其他高管先后获刑。郎咸平早在

2001 年 11 月 23 日的《证券市场周刊》中就分析揭露过德隆的做法，预言：其“资金链必将断裂”，“投入德隆系的钱最终是拿不回来的”。那时候德隆的融资规模远不如后来大。

2004 年 6 月，腾讯在香港上市，从上市 3 元多涨到 2007 年的 70 多元。成为中国第一高价网络股。2008 年市值最高时达 1300 多亿元，到 2008 年 11 月，市值还有 700 多亿元。

2004 年 6 月 17 日，郎咸平质疑 TCL 产权改革方案。2004 年 8 月 2 日，郎咸平四问海尔管理层，试图得出海尔高管人员曲线完成 MBO 的结论。2004 年 8 月 9 日，郎咸平发表题为《格林柯尔：在“国退民进”的盛宴中狂欢》的演讲，由此引爆了意义深远的“郎顾之争”。2005 年 8 月，顾雏军因挪用科龙资金被捕，后来被判刑 10 年。

2004 年 7 月 8 日，上证所获准推出 ETF（交易型开放式指数基金），2004 年 8 月 18 日：深交所获准推出 LOF（上市开放式基金）。

2004 年 8 月 31 日，证监会发布通知暂停发行新股，IPO 将推行首发询价制度。

2004 年 9 月 13 日，温家宝总理主持召开国务院常务会议，要求抓紧落实国九条，引起大盘反弹。

2004 年 9 月 23 日，电广传媒发布公告。首例上市公司“以股抵债”方案正式实施。

2004 年 10 月 25 日，保险资金获准直接入市，落实“国九条”迈出重大一步。

2004 年 10 月 29 日，央行 9 年来首次加息。

2004 年 11 月 5 日，股票质押贷款办法出台。

2004 年 12 月 8 日：证监会正式发布《关于加强社会公众股股东权益保护的若干规定》，出台分类表决制度——为全流通方案协商作准备。

2004 年 11 月 30 日，香港上市的创维数码黄宏生因盗取上市公司资金被香港廉政公署逮捕。香港廉政公署给证监会树立了榜样。

2004 年 12 月，鸿仪系崩塌，掌门鄢彩宏因挪用上市公司资金被捕，曾控股的公司有：国光瓷业、张家界、嘉瑞新材和泰阳证券。据说占用上市公司约 26 亿元，光是占用 ST 嘉瑞的资金就高达 5 亿多元。

（三）股改开启新纪元

2005 年 1 月 17 日，恢复新股发行，首份询价发行股票华电国际招股说明书亮相。大盘跌 2.33%。

2005 年 1 月 24 日，印花税当日起由千分之二下调为千分之一，大盘涨 1.73%。

2005 年 2 月 24 日，首支 ETF：上证“50ETF”登场，交投活跃。

2005 年 4 月 5 日，由上证所和深交所联合编制的沪深 300 指数 4 月 8 日正式发布，该指数以“2004 年 12 月 31 日”为基日，基点 1000 点。

2005 年 4 月 30 日，证监会发出股权分置改革试点通知，5 月 9 日，股权分置改革试点正式启动。首批股改试点公司确定：清华同方、金牛能源、紫江企业、三一重工。

2005 年 5 月 10 日，南方证券关闭。此后行情持续低迷，券商关闭或破产消息不断传出。

2005 年 5 月 16 日，股权分置改革遇到种种反对，尚福林明确提出：开弓没有回头箭。

2005 年 5 月 16 日，*ST 华圣（原名英豪科教，欧亚农业，广华化纤）因连续三年亏损而退市。

2005 年 6 月 6 日，证监会推出《上市公司回购社会公众股份管理办法（试行)》，上证指数跌破 1000 点大关，最低见 998.23 点。许小年的千点论终于成为现实。收盘 1034 点，涨 2.05%。

2005 年 6 月 10 日，三一重工通过股权分置改革方案——每 10 股送 3.5 股和 8 元现金。上证指数暴涨超过 8%。清华同方首次股权分置方案没有通过。

2005 年 6 月 20 日，42 家公司获准进行第二批股改试点，不再进行第三批试点。大多公司选择送股方案，送股比例 10 送 3 左右。不便送股或送股少的公司补充以送认购权证（或沽空权证）方案。股改后的股票名称前面加 G。

2005 年 8 月 24 日：证监会联合国资委、人民银行、财政部和商务部，五部委联合发布《关于上市公司股权分置改革的指导意见》。

2005 年 9 月 5 日，全面股改即将步入操作阶段，《上市公司股权分置改革管理办法》正式出台。

2005 年 9 月，成功控股集团董事长刘虹因挪用湘酒鬼 4.2 亿元资金被刑事拘留。之前曾掏空岳阳恒立。

2005 年 10 月 27 日，十届全国人大常委会第十八次会议高票通过了新修订后的《证券法》、《公司法》。

2005 年 11 月，证监会转发中国证券业协会制定的《证券公司证券自营业务指引》。

2005 年 11 月 21 日，50 家中小板公司的股改圆满落幕。中小板率先进入全流通。

2005 年 12 月 9 日，证监会发审委工作处助理调研员王小石因涉嫌受贿，被判处有期徒刑 13 年。

2005 年 12 月 6 日，上证指数 1074，大盘从此上涨，沪深股市迎来大牛市。

2006 年 1 月 4 日，证监会发布《上市公司股权激励管理办法》（试行），允许已完成股改的公司实施股权激动。

2006 年 1 月 14 日，中国证监会主席尚福林指出：年内基本完成股改。

2006 年 1 月 18 日 –19 日，B 股暴涨带动 A 股，上证指数突破 1200 点。

2006 年 1 月 25 日，大鹏证券成破产首例，资不抵债近 28 亿元。

2006 年 2 月 25 日，飞天系掌门邱忠保兄弟接受上海警方调查，随后被刑事拘留，2008 年 12 月，因掏空 3 家上市公司，留下 12 亿元资金黑洞，被上海市第二中级人民法院一审以合同诈骗罪、挪用资金罪判处有期徒刑 20 年，罚金 100 万元人民币。2000 年 6 月，飞天集团进入 ST 海洋（000658），不到一年退出，随后 ST 海洋爆出担保和债务黑洞，被勒令退市。2001 年 3 月至 2002 年 11 月，邱忠保以飞天集团为平台，先后收购了福建三农（000732）、中油龙昌（600772）及浙大海纳（000925）的股份，形成了一个拥有 3 家上市公司、70 余家控股及实际控制企业的资本大系。邱忠保本人也曾在 2003 年、2004 年连续登上由《新财富》杂志评选的富豪榜，分列第 56 名和 144 名。调查显示，邱忠保不断套用上市公司现金，以维持“飞天系”资金链。至 2006 年案发，邱忠保等人制造了共 12 亿元人民币的资金黑洞。

2006 年 3 月 17 日，北京建昊集团董事长、亿万富翁袁宝璟及其兄弟袁宝琦、袁宝森在宣判后分别被押赴刑场采取注射方法执行死刑。袁宝璟曾被誉为北京的李嘉诚，在股市闻名是因为他控股比特科技和丽珠制药，他有名言：卖电脑的和卖蔬菜的一样，没有科技含量。后来他向比特科技注入生物制药产业，比特科技也没见好转。其代码是 000621，现在不知去向。

2006 年 3 月 1 日，原南方证券总裁阚治东，原南方证券总裁、董事长刘波，原南方证券总裁郭元先被深圳公安机关逮捕，涉嫌罪名是操纵证券交易价格。

2006 年 3 月，数码网络董事长钟小剑因挪用上市公司资金 4.3 亿元，非法融资 10 多亿元被捕。听到后来许多证券公司股份以天价转让，想必他遗憾不已。

2006 年 4 月 3 日，大盘突破 1300 点。经过两个月小幅整理后，新一轮涨势开始。

2006 年 4 月 17 日，证监会新闻发言人表示：新老划断拟分三步走。

2006 年 4 月底，取消市值配售新股。

2006年5月15日，沪市成交量533亿，创下历史天量，两市212只非ST个股涨停，指数7个交易日涨幅近20%。

2006年5月17日，证监会发布《首次公开发行股票并上市管理办法》。

2006年5月18日，IPO新规正式实行。2006年5月25日，全流通IPO第一股中工国际发行6 000万A股。2006年6月19日，中工国际上市，发行价7.4元，开盘17.11元，收31.97元。盘中最高50元，最大涨幅576%。随后连续5天跌停。

2006年6月，原中川国际董事长丛钢因诈骗罪和挪用资金罪被判处无期徒刑。丛钢用虚假的电力公司换取了中川国际的控股权和2 400多万元资金，又通过四川省副省长李达昌的女儿，让李达昌违规动用429万美元专项资金，拨给中川国际，解决非洲水电项目赔偿问题，李达昌因此被判刑7年。接着，丛钢挪用中川国际1 350万美元未能偿还。这以前他曾多次诈骗。丛钢起家是通过租用广州的南方金融服务公司在沈阳的国债交易席位，通过这个席位卖空国债融到上亿资金。据说这些资金有的贷出未能收回，有的收回谎称未收回，有的贷给关系户了。笔者亲眼见过许多外省机构派人来广州可怜巴巴地要债。丛钢是掏空上市公司判刑最重的，真是多行不义必自毙！

2006年6月－7月，中国银行先后在香港和上海上市。2006年10月27日，工商银行A、H股两地同步上市。

2006年6月14日，三一重工股改限售股流通。当天微跌，几天后重归升势。

2006年7月3日，宣布融资融券试点8月启动。2006年7月4日，上证指数突破1700点。

2006年7月，证监会发布《证券公司风险控制指标管理办法》，并于11月1日施行。

2006年7月13日，牛市大回调，跌4.84%，超过200只个股跌停。2006年8月7日，上证指数见回调低点1541点后一路上扬。

2006年7月，资本运作高手严晓群被刑拘，因南京斯威特集团及关联方占用上海科技的资金5.98亿元。斯威特曾控股上海科技、中国纺机、小天鹅、ST长岭等。

2006年7月，泰跃系掌门刘军的被捕，泰跃系旗下景谷林业、湖北金环、茂化石华纷纷向泰跃讨要欠款，并宣布拍卖或转让泰跃系所持公司股权。

2006年7月31日，证监会发布《上市公司收购管理办法》。

2006年11月20日，上证指数5年后重上2000点。2006年12月14日，上证指数突破2245点创下历史新高。全年沪深指数上涨超过120%。

2006年11月27日，浙江金信信托掌门葛政因涉嫌非法吸收公众存款罪被浙江省公安厅监视居住，2007年1月12日被刑事拘留，1月26日被正式拘捕。2008年7月14日被判处有期徒刑六年，罚金40万元。2002年7月至2005年7月间，金信信托共向1 454个机构和自然人募集资金51.7亿元，悉数被投入股票市场。金信信托共设立了五家平台公司专事炒股。因操作手法凶悍，“金信系”被称为“江南第一猛庄”。曾代理伊利管理层持股伊利。郑俊怀事发后归还。由于股市长期熊市，其股票交易陷入巨亏。炒股亏损高达34亿元，另有18亿元的外账无法收回。2007年12月26日，招商证券以63.2亿元高价拍得金信信托所持博时基金48%的股权，超出金信信托42亿元的负债。不过，即便如此，葛政也未能逃脱法律制裁。

2007年1月9日，中国人寿A股上市，大盘大涨3.72%，沪深股市总市值首次突破10万亿元。证券化率（占GDP比重）超过50%。2007年1月22日，沪市成交量首次突破1 000亿元大关，成交1 049亿元。

2007年2月1日，证监会发布《上市公司信息披露管理办法》并实施。

2007年2月–3月，股市经过2月27日暴跌后又继续上涨。出现全民炒股、居民银行存款大搬家现象。存款准备金率屡次提高也难挡牛市。2007年5月9日，上证指数突破4000点。垃圾股被疯炒。

2007年4月9日，证监会发布《上市公司董事、监事和高级管理人员所持本公司股份及其变动管理规则》。

2007年4月15日，期货业第一大法《期货交易管理条例》正式实施。

2007年5月14日，证监会发布《关于进一步加强投资者教育，强化市场监管有关工作的通知》，提出“买者自负”的原则。2007年5月21日，央行出台调控“组合拳”，提高利率和准备金率。可大盘继续上扬。

2007年5月14日，证监会宣布对杭萧钢构的处罚。在这以前杭萧钢构声称和安哥拉签订了43亿美元大单，股价出现10多个涨停板。

2007年5月30日，财政部29日晚宣布印花税30日起上调为千分之3。股市出现所谓的“5·30”大跌行情。当天上证指数大跌6.50%。6月4日再大跌8.26%，垃圾股连续跌停。

2007年6月5日，指数大跌反弹，继续走高。开放基金推波助澜。有银行而无证券公司的小城镇居民大多成为基民，他们未必知道所买基金投资的股票以及这些股票的价格。

2007年8月6日收盘，沪深两市共有百元以上股票六只：中国船舶、成都建设、贵州茅台、国脉科技、山河智能、山东黄金；百元以上股票的平均动态市盈率为135。随后上过百元的还有：吉恩镍业、中国平安、天马股份、石基信息、金风科技、獐子岛、广电运通和东华科技。2007 年 10 月 11 日，中国船舶超过300 元，一年后跌到 30 多元。

2007 年 7 月 16 日，郭广昌持股 58% 的复星国际正式在香港联交所挂牌上市。郭广昌是极少数通过不断贷款、收购、控股而成功的资本玩家之一。

2007 年 8 月 9 日，沪深总市值达到 21 万亿元，超过 GDP。2007 年 8 月 23 日，上证指数站上 5000 点。

2007 年 8 月 15 日 –17 日，港股和 H 股受美国次贷危机和美国股市影响暴跌。好像是 2008 年长期暴跌的预演。8 月 20 日，国家外汇管理局宣布港股直通车——允许境内股民购买港股，并拿天津作试点。目的似乎是解决外汇过剩。港股 H 股因此继续上涨。2007 年 10 月底，港股和 H 股创新高。11 月开始走向大熊市。港股直通车后来不了了之，但是向境外投资的 QGII 基金发行渐多。

2007 年 9 月初，我国第一个股票类 QDII 基金，南方全球精选配置基金获准发行。到年底共有 4 只 QDII 基金发行。一年后亏损惨重。

2007 年 10 月 15 日，上证指数突破 6000 点大关；党的十七大开幕。

2007 年 10 月 16 日，上证指数见高点 6124.04 点。

2007 年 11 月 5 日，已经在香港上市的中国石油发行 A 股 40 亿元上市，募集资金 668 亿元。发行价 16.7 元，开盘 48.6 元，收 43.96 元。一年后跌破 10 元。2007 年，中国石油、中国神华、建设银行、中国平安等 9 家 H 股或红筹股回归，每家募集资金超过 100 亿元。中石油上市后，两市总市值超过 30 万亿元。

2007 年 11 月 13 日，CPI 快速上涨，10 月 CPI 是 6.5%，创 11 年最高。2007 年 11 月 27 日，中共中央政治局会议提出：防过热，防通胀。大熊市接着展开。

2007 年 11 月 16 日，设立中国证监会行政处罚委员会，负责所有案件的审理。

2007 年 11 月，法人股市场高手刘益谦控股的天茂集团控股了国华人寿保险股份有限公司，刘益谦因此被认为是最有希望成为中国巴菲特。因投资法人股取得较大成功的还有上海证大董事长戴志康。

2007 年，深圳成指上涨 173%，上证指数上涨 105%。深强沪弱，和 1996 年一样。

2008 年 1 月 10 日到春节，中国南方发生前所未有大雪灾，6 省（湖南、湖北、安徽、贵州、广东、陕西）12 条国道局部路段无法通行。无数高压线铁塔被压垮，电视成天播放广州火车站和各国道堵塞录像。雪灾似乎预示 2008 年多灾多难行情。

2008 年 1 月 15 日，美国花旗银行宣布季度巨亏 90 余亿。

2008 年 1 月 16 日，存款准备金率上调 0.5 百分点，股市收跌 2.63%。

2008 年 1 月 21 日，平安传出欲再融资 1 600 亿元，平安跌停，沪指暴跌 5.14%。上证指数跌破 5000 点。22 日收跌 7.22%。幸亏平安融资失败，增持欧洲富通银行计划失败。10 月，富通银行几乎破产，被比利时政府廉价收购大部分股权。平安损失近 200 亿元人民币。舆论界一直对平安董事长马明哲 2007 年 6 000万元薪酬表示不满，笔者在《证券市场周刊》上发表文章说，高额薪酬会鼓励平安高管拿股东利益冒险。果然。

2008 年 2 月 5 日，春节前最后交易日，中石油 10 亿股解禁，跌幅超 6%，大盘收小阴。

2008 年 2 月 20 日，市场传出浦发再融资计划，沪指从此走出 5 连阴。3 月 4 日传闻深发展再融资 500 亿元，深发展跌停。

2008 年 3 月 21 日，中国证监会就《首次公开发行股票并在创业板上市管理办法》（草案）向社会征求意见。

2008 年 3 月 24 日，中央机构编制委员会办公室批复中国证监会，同意设立非上市公众公司监管部。

2008 年 4 月 22 日，沪指大涨 4.15%，晚上有消息宣布：降印花税从千分之三降为千分之一。4 月 24 日大盘涨 9.29%，而此后走势证明，这仅为一波借题材拉高出货行情。也是这一天，证监会公布对基金管理公司从业人员唐建、王黎敏“老鼠仓”案处理决定——在没收其违法所得并各处罚款 50 万元外，还对两人实行市场禁入。这是基金法实施以来的处罚第一单。

2008 年 4 月 23 日，国务院发布《证券公司风险处置条例》和《证券公司监督管理条例》。

2008 年 5 月 12 日，发生汶川大地震。沪指在盘整中逐渐走低。似乎是爱国情绪阻止大家卖股票，股市当时跌幅并不大，一个月后才出现较大跌幅。这期间出现了捐款热潮。捐款上千万的上市公司很多，股民只有赞扬没有抱怨。万科董事长王石因为开始不积极，受到舆论谴责。

2008 年上半年，境外煤价、钢材价格、化肥价以及许多化工产品价格暴涨，带动国内价格上涨。国内化工产品 5 月 -6 月份出现井喷行情。通货膨胀形势严峻。

2008 年 6 月 7 日，存款准备金率上调 1%，到达 17.5%。这是一次最有争议的上调。6 月 10 日，沪指暴跌 7.7%，近千只个股跌停。6 月 12 日沪指跌破3000 点。随后房价大跌消息不断，房地产股表现更差。

2008 年 6 月 20 日，南航认股权证终止交易，分文不值。该权证因股改送出 14 亿元。为抑制投机，管理层允许券商创设，增加到 120 亿元；股民亏损约 50 亿元，怒说不公。

2008 年 7 月，在存款准备金率上调和石油价格见顶暴跌的影响下，中国经济快车嘎然而止。煤炭、钢材等需求似乎一夜间消失得无影无踪。到处求购煤炭的卡车不见了，8 月份秦皇岛码头煤炭库存创出历史新高。宝钢本宣布第三季度提价，不得不很快改为降价。

2008 年 8 月 25 日，证监会公布《关于修改上市公司现金分红若干规定的决定》，并公开征求意见，鼓励上市公司建立长期分红政策，进一步完善推动上市公司回报股东的现金分红制度。

2008 年 8 月 28 日，证监会出台上市公司大股东增持新规；9 月 23 日，汇金通过股市增持三大银行股。

2008 年 9 月 14 日，美国雷曼公司宣布破产。

2008 年 9 月 16 日宣布人民币贷款基准利率下调 0.27 个百分点。

2008 年 9 月 19 日，汇金开始回购三大银行股，印花税改为单边征收（千分之一）。股市大涨，银行股涨停。

2008 年 10 月 21 日，红筹股中信泰富因为爆出因澳元 Accumulator（卖出澳元累积看跌期权）浮亏 150 亿元，股价从 14 元多暴跌到 6 元多。不久深南电因爆出石油 Accumulator 产生巨亏。随后有消息报道很多香港大户跌入股票 Accumulator 陷阱。

2008 年 10 月 6 日，国庆节过后，铜期货带领几乎所有期货包括粮食期货暴跌。因国庆期间，外盘大跌，中国休市。铜期货在不到一个月时间里出现 10 个跌停板。有色金属股随之暴跌。云南铜业从一年前的 98 元跌到 7 元附近。西部矿业类似。

2008 年 10 月 8 日，下调存款准备金率 0.5 个百分点；一年期存贷款基准利率 0.27 个百分点。

2008 年 10 月 22 日 –27 日，在美国经济危机影响下，H 股出现疯狂杀跌行情。国企指数跌到 5802 点。有人描述："没有恐怖，只有更恐怖"。马钢 H 跌到 0.87 元，而它前三季度利润是 0.45 元，每股净资产是 3.7 元。过后出现强劲反弹。一些 H 股公司宣布回购。

2008 年 11 月 3 日，美国国会众议院通过了经过 7000 亿元援救计划。股市不涨反跌。

2008 年 11 月 11 日，纳斯达克前主席麦道夫因诈骗案暴露被戴上手铐，由此引出一个可能长达20年、高达500亿美元的投资骗局。

2008年11月11日，中国政府宣布4万亿元投资计划，钢铁股、水泥股、工程机械股等强劲反弹。马钢H股不到两个月上涨2倍。

2008年11月21日，海通证券一年前高价增发股解禁上市，海通证券连续三个跌停。

2008年11月24日，黄光裕涉嫌操纵中关村（琼民源变身）和三联商社（郑百文变身）股价被拘留调查的消息传出。

2008年11月26日，银行利率下调1.08个百分点；存款准备金率下调1个－2个百分点（小银行2%）。指数冲高收低。

2008年11月27日，吉林制药宣告，和滨地钾肥重组失败，狂炒重组概念和钾肥概念的游资损失惨重。在这以前第二大股东乘利好大肆减持，违背股改承诺。

2008年12月23日，年内第5次降息，降幅0.27个百分点。

2008年12月31日，沪市收在1820点，深市收在6485点。两市全年跌幅约65%。表现好的偏股型开放式基金跌幅31%。

后　　记

炒股不与天斗、不与地斗、不与人斗、与电脑斗、与软件斗、与趋势斗、与市场斗、与规律斗，因为有关股市的一切一切，什么政策、消息、业绩、市盈率等等，主力及庄家，每买一手，每卖一手，均明确反映在“走势图”中。投资者只要能学习、了解、掌握股市自身的“市场规律”，跟着“自身规律”去炒股，顺势而为，即是赢家。

本书能够顺利出版，我在这里首先要感谢中国财政经济出版社的有关领导及责任编辑孙伟生同志。他们决定要给读者一个全面了解“我们”，及了解我们对中国股市十三年研究最新成果的机会。因为在这之前数年中，尽管我们也在其他媒体发表有关股市的文章、专稿，也曾接受过有关媒体的采访、专访，但那都是不够完整的“我们”。

从2005年9月至今，已有近4年时间，为了使完整的“我们”能以“实事求是”的面目出现在读者面前，数次修改，删去一些过时的东西，根据多位读者的建议：增添了基础知识，详细介绍了几种常用技术指标的“实用性及实战性”。本书融汇股市之精髓，要理论有理论，要实战有实战，要简单有简单，要复杂有复杂，各位读者可各取所需，为你所用。不理解者又不会使用者，请慎用，友情提示：风险自负。

为了让更多的读者，理解、掌握、学习有关股市的方方面面，本教材以“实务”为主，把中国股市【从“简单”到“相对”复杂又到“绝对”简单】，找出大家看一眼就能懂的“方式、方法”进行论述及论证，只要你有“小学生”的文化水平，就能看懂“股市大学”的教材，配上大量能反应【买一招及卖一招】的实例，有黑白图、有彩色图、有以前的、有近期的、有短线版、有中线版、有机构专用版，供大家验证。

我们在本书中精选了一些黑白“规律论证”图彩色“规律论证”图，就是为了让读者“一目了然，一看就懂，一学就会”，把千变万化的股市用“买一招，卖一招”表现出来，把K线、均线、趋势线、箱体理论全部“文字化”、

“语言化”，使【大趋势·会说话】炒股软件，道道地地、名副其实地成为读者炒股的好帮手；使【大趋势·会说话】炒股软件成为真真实实的“傻瓜型”炒股软件。书中每一句话、每一种观点、每一种理论、每一幅论证图，都是经过我们慎之又慎，改了又改后撰写出来的，我们的各种观点、论点、小结、总结、软件，都不会误导广大的读者。如果我们的各种观点、论点、软件，有“一点”对您有帮助、有启发，您就用这“一点”，如果“一点”都没有，那还请您按您自己的方法去操作。

由于我们水平有限，万一书中有不实之处或不慎之言，敬请广大读者给予理解和谅解。

最后肯定还会有读者问，你们下一个“研究课题”是什么？我们在这儿告诉大家，就是怎么用大趋势软件，去寻找到能涨停的个股。

作　者

2009 年 6 月下旬　于南京